Doris Schmidauer

Land der Töchter zukunftsreich

aufgezeichnet von
Nina Horaczek

MOLDEN

Inhalt

- 4 Vorwort
- 5 Einleitung
- 12 *Pionierinnen*
- 17 Carmen Possnig – eine österreichische Pionierin im Weltall
- 22 *Die erste Kanzlerin*
- 27 Angelika Ritter-Grepl – eine fromme „Ehrenlesbe"
- 32 *Alles auf Anfang*
- 45 Angie Rattay – die Planetenretterin
- 49 *Frauen in Österreich*
- 57 Sandra Gott-Karlbauer – eine Pippi Langstrumpf kämpft sich an die Spitze
- 61 *Die erste Reihe*
- 73 Sonja Ottenbacher und Maria Knauder – zwei Polit-Pionierinnen vom Land
- 83 *Aufstehen*
- 89 Rosemarie „Rosi" Imre – eine Frau kämpft sich ins Leben zurück
- 95 *Politische Wendepunkte*
- 107 Hermine Hanke – eine starke Frau, die für andere da ist

111 *Solidarität zeigen*

117 Jaleh Lackner-Gohari – Kämpferin für Frauen- und Menschenrechte

121 *Unabhängig sein*

127 Elham Agoosh und Christine Scholten – Nachbarinnen helfen Frauen aus der Isolation

133 *Die Geburtslotterie*

137 Dorith Salvarani-Drill – mit Engagement für Bildungsgerechtigkeit

142 *Mit Behinderung leben*

149 Miriam Labus – eine Frau, die sich nicht ausbremsen lässt

160 *Ist künstliche Intelligenz sexistisch?*

165 Ingrid Brodnig – eine Kämpferin gegen Hass im Netz

169 *She goes digital*

177 Martina Mara – Frauenpower für eine digitale Welt ohne Sexismus

182 Anmerkungen

184 Nachwort

187 Danksagung

Vorwort

Ein Buch über Doris Schmidauer zu schreiben, ist eine Herausforderung. Beginnt Österreichs First Lady über sich und ihre Aktivitäten zu erzählen, dauert es kaum länger als zwei Atemzüge, und schon spricht sie über ganz viele andere Frauen: Frauen, die ihr imponieren, Frauen, mit denen sie Initiativen gestartet hat, Frauen, die sie auf ihren Reisen an der Seite des Bundespräsidenten kennengelernt hat, Frauen, die sie seit ihrer Schulzeit begleiten, Frauen, die dieses Land positiv verändern.

Nach einigen Gesprächen ist klar: Doris Schmidauer kriegt man nicht solo. Damit würde man ihr auch nicht gerecht. Viel lieber beschreibt sie sich als Teil einer großen Gruppe an engagierten Frauen im Land.

So wurde aus einem Buch, in dem die First Lady, die gar nicht so genannt werden will, ihr Leben beschreibt, ein Buch über eine Kämpferin für Frauenrechte und soziale Gerechtigkeit. Aber vor allem auch über eine Frau, die sich in ihrer Rolle nicht als etwas Besonderes sieht, sondern als eine von vielen Menschen in unserem Land, die sich Tag für Tag engagieren.

Nina Horaczek

Einleitung

Wieso ein Buch über mich? So lautete meine erste Reaktion, als mich der Verlag im Herbst 2023 kontaktierte. Dann dachte ich über mögliche Beweggründe, Chancen und Ideen nach und vor allem an die vielen großartigen Projekte und Frauen, die ich in den vergangenen Jahren – insbesondere, seit mein Mann zum Bundespräsidenten gewählt worden war – kennengelernt habe. Wäre das nicht eine gute Gelegenheit, einige von ihnen vor den Vorhang zu holen und damit nicht nur meine Geschichte, sondern auch ihre zu erzählen? Darüber zu berichten und damit auch den Frauen in Österreich eine Bühne zu geben, das fand ich spannend.

Im Rahmen des „Neuwaldegger Curriculums für Systemische Unternehmensberatung", das ich 2010/2011 absolvierte, lernte ich naturgemäß viel Neues kennen. Aber an eine Übung kann ich mich besonders gut erinnern. Wir waren aufgefordert, drei Fragen für uns und unser Leben zu beantworten, die sinngemäß folgenden Inhalt hatten:

Was hat dich im Leben geprägt, aber nicht gebrochen?

Auf wessen Schultern ruhst du?

Was brennt in deinem Inneren?

Diese Fragen begleiten mich seither und helfen mir immer wieder, mich zu verorten, meine Stärken, meine Motivation zu definieren und Strategien für mich zu entwickeln, vor allem auch in schwierigen Situationen. Was zählt im Leben, was hat Sinn und Bedeutung, was kann ich bewegen und verändern, wie gehe ich mit Rückschlägen um, worauf kann ich mich verlassen – das ist es doch, was uns alle immer wieder beschäftigt.

Das Buch gibt Ihnen Einblicke und zeigt Blitzlichter meines Lebens, ist aber keine klassische „First Lady"-Homestory. Denn das bin ich nicht.

Ich bin ein Familienmensch, und die Geburtslotterie hat es gut gemeint mit mir. Ich bin gut behütet aufgewachsen, unterstützt und gefördert, und ich wurde auch in schwierigen Situationen nicht alleingelassen. Mein Familiensinn, eine gute Gastgeberin zu sein, ein offenes Haus zu führen und Freundschaften zu pflegen – all das wurde mir familiär mitgegeben. Und das habe ich mit Konsequenz und Begeisterung fortgeführt.

Freundinnen und Freunde fürs Leben zu haben und mit den eigenen Wurzeln verbunden zu bleiben, das nennt man wohl Erdung. Darunter verstehe ich keinen verklärten Zustand, in dem man sich alles schönredet, sondern das Ergebnis von Abgrenzung und Auseinandersetzung auf der einen Seite und Verbundenheit auf der anderen. Jedes Leben durchläuft die unterschiedlichsten Stationen und Erfahrungen, Erfolge und Niederlagen, Höhenflüge und Enttäuschungen. Glücklich ist, wer dabei auf Menschen zählen kann, die diesen Lebensweg mitgehen, manchmal vielleicht nur einige Stationen teilen und prägen. Manche Beziehungen gehen auf dem Weg verloren, andere kommen dazu und besondere bleiben. Das alles ist für mich essentiell: Offenheit, Beständigkeit und Verbindlichkeit.

Meine Familie wird gern als „Clan" bezeichnet, weil wir – für manche unverständlich – ein intensives Familienleben führen. Zur Kernfamilie zählen natürlich meine Mutter – mein Vater ist leider schon verstorben – und mein Bruder mit seiner Lebensgefährtin. Ebenso Teil davon sind Tanten und Onkel sowie meine Cousinen und Cousins mit ihren Familien. Dieser Clan ist kein familiär abgeschlossenes System, wir erweitern gerne und umfassend. Und selbstverständlich gehören all unsere besten Freundinnen und Freunde fix dazu. Ein Clan mit Erweiterungspotenzial – so habe ich diese wachsende Gruppe an verbundenen Menschen bei einer Geburtstagsrede einmal genannt.

Als mein Mann in mein Leben trat, erlebten wir den größten Wachstumsschub mit der „Aufnahme" seiner Familie, seiner Söhne, Nichten und der Familie seiner Schwägerin. Richtig zusammengeschweißt hat uns der Dauerwahlkampf 2016 – nicht nur eine politische, sondern auch eine emotionale Herausforderung, die wir mit allen Höhen und Tiefen gemeinsam bewältigt haben. Die seinerzeit gegründete WhatsApp-Gruppe „Hofburg" existiert immer noch und unsere Geburtstagsfeiern werden von Jahr zu Jahr größer. Und mein Mann, der sehr gerne für sich allein ist, erfreut sich – wohldosiert, versteht sich – inzwischen auch am Clanleben.

Neben dem Clan bin ich vielen anderen Menschen eng verbunden, die mich auf meinem Weg begleitet, gefordert und unterstützt haben. Sei es im Studium, während meiner langjährigen Tätigkeit im Grünen Parlamentsklub oder zuletzt bei der Entwicklung und Ausübung meiner neuen Rolle in der Präsidentschaftskanzlei.

Auf diesen Schultern ruhe ich.

Sie fragen sich vielleicht, warum ich das zu Beginn erzähle, wo ich doch ein ganzes Buch zur Verfügung habe? Das hat einen sehr guten Grund. Meine Privatsphäre ist mir wichtig, dieser geschützte Raum abseits der Öffentlichkeit. Sie sollen erfahren, wer ich bin, was mich ausmacht, geprägt hat und bewegt, aber mein unmittelbares privates Umfeld soll weiter geschützt bleiben und wird deswegen in diesem Buch zurückhaltend beleuchtet.

Was aber dringend an die Öffentlichkeit muss, sind die großartigen Frauen in diesem Land, die durch Engagement, Zivilcourage und Beharrlichkeit, ihren Gestaltungswillen und ihren Einsatz für Gleichberechtigung zeigen, wie wir unser schönes Land – und damit die Welt – zu einem noch besseren Ort für alle, die hier leben, machen können.

Begleiten Sie mich auf der Reise durch das „Land der Töchter zukunftsreich". Sie werden starke Frauen – sogenannte Role Models – kennenlernen. Ihre Geschichten stehen stellvertretend für die Hälfte der Bevölkerung, die auf vielen Ebenen immer noch nicht gleichberechtigt vertreten ist.

Die „Vertöchterung" der Bundeshymne, die ganz bewusst im Titel dieses Buches anklingt, haben wir im Übrigen einer Initiative der früheren ÖVP-Politikerin Maria Rauch-Kallat zu verdanken, die es gegen erheblichen Widerstand – auch aus den eigenen Reihen – geschafft hat, diese längst fällige Änderung durchzusetzen, die am 1. Jänner 2012 in Kraft trat.

Lassen Sie sich, so wie ich, inspirieren und motivieren, denn wir brauchen Sie alle, jede und jeden Einzelnen von Ihnen, im Einsatz für Chancengleichheit und Gleichberechtigung!

Gerechtigkeit soll als Grundlage allen sozialen Lebens dienen.

Bertha von Suttner

Mit meiner besten Freundin Sabine im Juni 1982 beim Feiern der positiv bestandenen Matura

Pionierinnen

Das Büro, in dem ich arbeite, liegt im zweiten Stock der Hofburg, ganz am Ende eines langen Ganges. Jeden Morgen rast unser Hund Juli voller Freude durch diese Gangfluchten. Auf dem langen Teppich gehen sich ihre wilden Bremsmanöver gerade noch aus. Juli ist auf zwei Stockwerken zu Hause. Manche Arbeitstage verbringt sie im Büro des Bundespräsidenten auf ihrer Decke, dann wieder macht sie es sich in meinem Büro auf ihrem persönlichen Sessel bequem.

Im Fernsehen ist der zweite Stock nur selten zu sehen. Von der Präsidentschaftskanzlei in der Hofburg in Wien, dem Amtssitz des Bundespräsidenten, filmen die Fernsehkameras meist nur die berühmte rote Tapetentür in der ersten Etage.

Vor dieser Tapetentür, im sogenannten Maria-Theresien-Zimmer, hält der Bundespräsident Reden, trifft Besucherinnen und Besucher aus dem Inland und Staatsgäste anderer Länder oder gelobt die Mitglieder einer Bundesregierung und einzelne Ministerinnen und Minister und auch Landeshauptleute an. All das passiert in dieser prächtigen Räumlichkeit, die einst Schlafgemach und gleichzeitig Repräsentationszimmer der Kaiserin war. Hinter der roten Tapetentür befindet sich das Arbeitszimmer des Bundespräsidenten. Dort steht der Schreibtisch meines Mannes, immer bis oben gefüllt mit Büchern, Zeitungen und Unterlagen.

Einen Stock darüber gehe ich meinen Aufgaben als sogenannte First Lady nach. Ich persönlich bevorzuge ja den Begriff „First Volunteer", also Erste Freiwillige, und sehe mich nicht als Erste Frau, sondern als eine von vielen Freiwilligen, die dieses Land positiv gestalten wollen. Für Österreich ist freiwilliges Engagement unverzichtbar. Fast die Hälfte der Bevölkerung ab 15 Jahren leistet in irgendeiner Form Freiwilligenarbeit und damit einen wichtigen Beitrag für den Zusammenhalt in unserer Gesellschaft.

Als Ehefrau des Bundespräsidenten bin ich auch eine sehr enge und ehrliche Beraterin meines Mannes und gleichzeitig Teil des großartigen Teams der Präsidentschaftskanzlei.

Ich möchte Ihnen einen Einblick in mein Leben und in meine vielfältigen ehrenamtlichen Aktivitäten geben. Ich erzähle Ihnen, wie ich zu der Frau wurde, die ich heute bin, welche politischen und gesellschaftlichen Themen mich beschäftigen und warum ich mich dafür einsetze, dass Frauen in Österreich endlich den Platz einnehmen, der ihnen zusteht. All die Frauen, die Sie in diesem Buch kennenlernen werden, stehen stellvertretend für die vielen, vielen Frauen in Österreich, die sich täglich und unermüdlich engagieren.

Auf sie und ihre Anliegen möchte ich den Scheinwerfer richten: die vollständige Gleichberechtigung zwischen Frauen und Männern, wie es im Übrigen unsere schöne Verfassung vorsieht; mehr Aufmerksamkeit für die Menschen im Land, die unter Armut leiden; und mehr Unterstützung für Kinder, die in schwierigen Verhältnissen aufwachsen müssen und die wie alle Kinder in diesem Land ein Leben in Sicherheit und Geborgenheit verdienen.

Das Zimmer, in dem mein Schreibtisch steht, wurde bereits von meiner Vorgängerin Margit Fischer, Ehefrau des früheren Bundespräsidenten Heinz Fischer, verwendet. Formal ist es das zweite Büro des Bundespräsidenten. Es wird Bertha-von-Suttner-Zimmer genannt, nach der berühmten österreichischen Schriftstellerin und Friedensnobelpreisträgerin. Wer mich besuchen kommt, kann in diesem Zimmer Folgendes lesen:

Gerechtigkeit soll als Grundlage allen sozialen Lebens dienen.
Es gibt nichts Größeres, nichts Wichtigeres auf der Welt als den Kampf gegen das Joch des Krieges.
Die Zukunft gehört der Güte.

Diese Zeilen entlang der Wände sind Zitate von Bertha von Suttner. Margit Fischer ließ sie dort anbringen. Ich finde es gut und wichtig, in diesen Räumen eine Frau zu Wort kommen zu lassen. Bertha von Suttner, die von 1843 bis 1914 lebte, setzte sich mit all ihrer Kraft für den Frieden und gegen den Krieg ein, sie verausgabte sich darin, diese Idee Wirklichkeit werden zu lassen. Zwar erhielt sie dafür 1905 als erste Frau den Friedensnobelpreis, letztlich aber scheiterten ihre Bemühungen. Ich schätze an diesen Zitaten und dem Bezug auf diese große Pazifistin, dass damit ein Gegenpol geschaffen wird zu all den in der Präsidentschaftskanzlei auf großen Ölbildern dargestellten Kriegsherren.

Außerdem haben diese Zitate auch aus heutiger Sicht nichts an Aktualität verloren. Sie motivieren mich täglich.

Natürlich habe ich nie gedacht, dass ich einmal an der Seite eines Bundespräsidenten aktiv sein werde. Heute bin ich aber froh und dankbar, in dieser Rolle tätig sein zu können. Österreich ist ein schönes und reiches Land, das auf seine Leistungen, besonders im sozial- und wohlfahrtsstaatlichen Bereich, stolz sein kann. Viel hat sich zum Besseren verändert, aber es bleibt genug zu tun.

Wir können alles werden

Ein Symbol für diese Veränderung ist für mich ein Bild im zweiten Stock der Präsidentschaftskanzlei. Es hält einen historischen Moment fest: Die Unterzeichnung des österreichischen Staatsvertrags am 15. Mai 1955 im Oberen Belvedere. Dieser Vertrag gab der Republik Österreich ihre Souveränität zurück. Was ist auf diesem Bild zu sehen? Ganze 80 Menschen wurden darauf verewigt, vom damaligen sowjetischen Außenminister Wjatscheslaw Michailowitsch Molotow über den damaligen amerikanischen Außenminister John Foster Dulles bis zum österreichischen Außenminister Leopold Figl. Keine einzige Frau findet sich auf diesem Gemälde. Ich glaube nicht, dass nur Männer im Oberen Belvedere zugegen waren. Die Geschichte wurde aber von Männern geschrieben. Das bedeutet nicht, dass es damals keine mutigen Frauen gab. Ich denke dabei an Widerstandskämpferinnen gegen die nationalsozialistische Unrechtsdiktatur wie die Sozialdemokratin Rosa Jochmann, die nach 1945 als Abgeordnete im Nationalrat tätig war. Oder an die Kommunistin Hella Postranecky, ebenfalls eine Widerstandskämpferin. Sie war in der ersten provisorischen Regierung im Jahr 1945 Unterstaatssekretärin für Volksernährung. Heute ist die erste Frau in einer österreichischen Bundesregierung beinahe vergessen.

Denn das, was vom 15. Mai 1955 bildlich überliefert ist, unterscheidet sich nicht von den damaligen österreichischen Bundesregierungen. Zwischen 20. Dezember 1945, als Österreich mit dem Kabinett Leopold Figl seine erste gewählte Bundesregierung der Zweiten Republik bekam, bis zum 19. April 1966, als der ÖVP-Politiker Josef Klaus zum zweiten Mal Bundeskanzler wurde, war keine einzige Frau in einer österreichischen Bundesregierung vertreten. Das änderte sich erst im Jahr 1966 mit Grete Rehor (ÖVP). Sie war die erste Sozialministerin der Republik.

Heute wäre das so nicht mehr möglich. Bilder von Meetings in der Politik, auf denen nur Männer zu sehen sind, fallen mittlerweile negativ auf. Das zeigt, dass es durchaus Fortschritte gibt. Frauen haben zweifellos an Einfluss gewonnen, haben sich ihren Platz in Männerdomänen erobert. Die Notwendigkeit, dass Frauen in unserem Land den Raum einnehmen sollen, den sie verdienen – und sich auf Augenhöhe mit Männern die Macht und Verantwortung teilen –, ist mittlerweile weiten Teilen der Gesellschaft bewusst.

Frauen können alles werden. Das zeigt zum Beispiel die Kärntnerin Carmen Possnig, die mich gleich bei unserer ersten Begegnung sehr beeindruckt hat. Ich habe sie im September 2023 bei einem Treffen der deutschsprachigen Staatsoberhäupter kennengelernt, zu dem König Philippe und Königin Mathilde von Belgien eingeladen hatten. Bei dieser Zusammenkunft wurde über europäische Raumfahrt und Weltraumpolitik diskutiert. Die Kärntnerin Carmen Possnig, Medizinerin und Astronautin, trat dort als Expertin auf. Sie wird hoffentlich bald als erste Österreicherin ins Weltall fliegen. Ihre wissenschaftliche Kompetenz, aber vor allem auch ihr Mut und ihre Zielstrebigkeit, neue Welten erforschen zu wollen, faszinieren mich.

Frauen sind also nicht einmal im All zu bremsen. Aber trotzdem: Selbst wenn sich das Ausgangsniveau glücklicherweise geändert hat, die Kampfzonen von gestern sind die Herausforderungen von heute – immer noch.

Carmen Possnig

*eine österreichische Pionierin
im Weltall*

Carmen Possnig

Eines Tages fragt die Volksschullehrerin ihre Schülerin Carmen, was sie werden möchte, wenn sie groß ist. „Astronautin", schießt es sofort aus ihr heraus. Erst danach habe sie sich gefragt, ob das ein Berufswunsch sei, der auch für Mädchen in Erfüllung gehen könne. „Mein damaliger Wunsch war sehr stark von Science-Fiction-Serien wie *Star Trek* geprägt", sagt Carmen Possnig. „Aber ich fand damals gar keine Vorbilder, keine Frauen, die schon einmal in den Weltraum geflogen sind." Auch in den Büchern über Entdecker und Entdeckerinnen, die sie damals liest, die den Nordpol, den Südpol oder den Dschungel erforscht haben, tummeln sich vor allem Männer.

So richtig geschehen ist es um das junge Mädchen, als es das erste Mal durch das Teleskop, das ihre ältere Schwester geschenkt bekommen hatte, blicken darf. Carmen sieht den Mond und sogar den Saturn ganz nahe und denkt sich: Dort will ich hin.

Knapp drei Jahrzehnte später ist Possnig, mittlerweile 36 Jahre alt, der einzige Mensch in Österreich, der auf wissenschaftliche Mission ins All fliegen darf. Im November 2022 wurde sie als eine von 22.523 Bewerberinnen und Bewerbern aus ganz Europa als Reserve-Astronautin der Europäischen Weltraumorganisation ESA ausgewählt.

In einem mehrstufigen Testverfahren musste sich Carmen Possnig durchsetzen. Die ESA prüft dabei nicht nur die körperliche und psychische Belastbarkeit. Die Bewerberinnen und Bewerber müssen auch über einen Abschluss in einem naturwissenschaftlichen Fach, in Ingenieurswissenschaft oder Medizin verfügen.

Weltraumliebhaberin Possnig entschied sich für ein Medizinstudium in Graz. Zu verstehen, wie der menschliche Körper funktioniert, und mit Menschen zusammenzuarbeiten, hat sie nämlich immer schon interessiert. „Zuvor habe ich aber auf der Homepage der ESA nachgesehen, ob es Astronauten mit einem medizinischen Hintergrund gibt." Es ist das Jahr 2008. Die ESA sucht nach neuen Astronautinnen und Astronauten. Carmen Possnig ist mit ihren damals 20 Jahren noch zu jung. Aber sie beobachtet das Auswahlverfahren aus der Ferne. „Ich kann mich erinnern, dass ich damals bei den neu Ausgewählten extra geschaut habe, ob auch Frauen darunter sind", erinnert sie sich. Unter den damals sieben ausgewählten Weltreisenden war eine Frau. Eine Erleichterung sei es für sie damals gewesen, zu sehen, dass auch eine Frau die Testverfahren schaffen könne. „Aber gleichzeitig habe ich mich schon gefragt, da sind sieben Leute, warum ist darunter nur eine Frau?"

Immerhin ist Samantha Cristoforetti aus Italien, so der Name der damals erwählten Astronautin, für Possnig ein Zeichen, dass ihr Traum in Erfüllung gehen könnte. Die Kärntnerin schließt ihr Medizinstudium ab, schreibt ihre Abschlussarbeit über die „Auswirkungen einer künstlichen Schwerkraftexposition auf die orthostatische Toleranzzeit bei Männern und Frauen". Sie sucht also Antworten darauf, wie sich die Schwerkraft auf unseren Blutdruck und auf das Kreislaufsystem auswirkt.

Danach absolviert sie ihren Turnus in einem Wiener Spital, erhält die Zulassung zur Allgemeinmedizinerin. Etwa um diese Zeit landet eine E-Mail der ESA in ihrem Postfach. Gesucht wird eine Ärztin, die bereit ist, für ein Jahr in die Antarktis zu gehen, als eine von insgesamt 13 Forscherinnen und Forschern in der Forschungsstation Dome Concordia. Es ist ein unwirtlicher Ort. Im Winter beträgt die Außentemperatur minus 80 Grad. Egal aus welchem Fenster man blickt, es gibt nichts anderes zu sehen als unendliche Schneeweiten – wenn man in den dunklen Wintern, die dort zehn Monate dauern, überhaupt etwas sieht. Und es ist wohl der einsamste Ort auf der Welt. In der Kälte ist das 13-köpfige Team völlig auf sich selbst gestellt. Während des arktischen Winters ist keine Evakuierung aus Dome C, wie die Forscherinnen und Forscher die Station nennen, möglich. Das Camp, 1.200 Kilometer von der Küste entfernt und auf über 3.000 Meter Seehöhe, ist nur per Propellermaschine erreichbar. Der Flugzeugsprit friert bei minus 52 Grad, während des Winters liegen die Temperaturen weit tiefer. „Diese Forschungsstation ist der Ort auf dem Planeten, der dem, was uns im All erwartet, am nächsten kommt." Hier sei man genauso isoliert wie im Weltall und müsse mit allen Problemen selbst fertigwerden. „Deshalb war für mich sofort klar, dass ich dorthin möchte", sagt Possnig.

Sie schafft die schwierigen Aufnahmetests. Im November 2017 verlegt sie ihren Wohnsitz in die Antarktis. Der Großteil des täglichen Lebens spielt sich in der Forschungsstation ab. Wer diese verlässt, begutachtet sich zuvor von oben bis unten in einem riesigen Spiegel. Jedes kleinste Fleckchen Haut, das ungeschützt ist, erleidet in der antarktischen Kälte binnen Sekunden Erfrierungen. Die Hände müssen unter fünf Paar Handschuhen warm gehalten werden, den Kopf schützen zwei Hauben. Die extreme Kälte sei unangenehm gewesen. Noch schlimmer sei aber, wenn man diese nicht mehr spürt. „Dann weißt du, an dieser Stelle hat der Körper Erfrierungen. Die Schmerzen, wenn das Gewebe wieder auftaut, sind kaum auszuhalten."

Es ist aber auch ein psychologisches Experiment: 13 Menschen, völlig isoliert von der Außenwelt. Man lerne einander so gut kennen, dass sich die Kommunikation irgendwann verlangsamt. Possnig macht auf der Station medizinische Experimente, erforscht, wie sich das Immunsystem zurückschraubt, wenn es über Monate hindurch nicht mit Viren und anderen Feinden konfrontiert ist.

Am schwierigsten sei aber die Rückkehr in die Zivilisation gewesen. Körperlich und psychisch. Kurz nachdem sie von der Propellermaschine abgeholt wurden, lag die Hälfte der Crew mit hohem Fieber im Bett. Ein neu in der Forschungsstation angekommener Wissenschaftler, der leichten Schnupfen hatte, ließ ihr plötzlich wieder erwachtes Immunsystem völlig überschießend reagieren. Und dann plötzlich wieder so viele Farben, die grünen Bäume, der blaue Himmel, eine Explosion an Gerüchen und Geräuschen. „Wir sind nach Neuseeland geflogen worden und dort war alles so laut und überfordernd", erinnert sich Carmen Possnig. In der Antarktis war ihr System heruntergefahren. Jetzt musste es langsam wieder aufwachen. Es gibt sogar einen Fachbegriff für das, was Menschen nach einer solchen Expedition durchmachen: Winter-Over-Syndrom. Erstmals beschrieben wurde es im Jahr 1900 vom Arzt Frederick Cook, der als Arzt der Belgica-Expedition als einer der ersten Menschen in der Antarktis überwinterte: Er erlebte Konzentrationsschwierigkeiten, temporären Gedächtnisverlust und milde Trance-Zustände, auch „arktisches Starren" genannt.

Für Carmen Possnig ist nach ihrer Antarktis-Expedition klar: Genau so soll ihr Leben weitergehen. Sie beginnt ein Doktoratsstudium an der Universität Innsbruck, forscht an den Herz-Kreislauf-Veränderungen von Astronautinnen und Astronauten im Weltall.

Im März 2021 startet die ESA ein neues Auswahlverfahren, sucht die nächste Generation für den Weltraum. Possnig bewirbt sich sofort. Was folgt, sind eineinhalb Jahre des Zitterns und Bangens. Possnig durchläuft medizinische, kognitive, psychologische Testverfahren. Dann schließlich das letzte, entscheidende Interview bei Josef Aschbacher. Der Österreicher ist Generaldirektor der Europäischen Weltraumorganisation ESA. Drei Wochen später der Anruf: Sie hat es geschafft, sie ist eine von elf Reserve-Austronautinnen und -Astronauten. Noch etwas hat sich verändert: Unter den 17 im Jahr 2022 präsentierten europäischen Weltraumreisenden befinden sich neben Possnig weitere sieben Frauen. Vielleicht ist Pionierin Carmen Possnig schon bald Österreichs erste Frau im All.

Die erste Kanzlerin

Mächtige Männer begegnen mir täglich auf meinen Wegen durch die Präsidentschaftskanzlei. Es sind Männer, die viel für dieses Land getan haben. In einem Raum im zweiten Stock sind die Wände geschmückt mit Gemälden der österreichischen Bundespräsidenten seit 1945.

Es sind Porträts von Karl Renner, Theodor Körner, Adolf Schärf, Franz Jonas, Rudolf Kirchschläger, Kurt Waldheim, Thomas Klestil, Heinz Fischer. Seit 1951 hat Österreich einen vom Volk direkt gewählten Bundespräsidenten als höchsten politischen Repräsentanten im Staat. Eine Bundespräsidentin gab es noch nie. Ein einziges Bild eines weiblichen Staatsoberhaupts sehe ich auf dem Weg zu meinem Schreibtisch jedes Mal: Maria Theresia. Die Kaiserin trägt auf diesem Gemälde Trauerkleidung, wie sie es seit dem Tod ihres Ehemanns im Jahr 1765 bis zu ihrem eigenen Tod im Jahr 1780 tat.

Mehr als 200 Jahre später, im Februar 2000, erhielt Österreich mit der damaligen FPÖ-Politikerin Susanne Riess-Passer, heute Susanne Riess-Hahn, die erste Vizekanzlerin.

Nochmals fast zwei Jahrzehnte danach, im Jahr 2019, war es für die Republik Österreich so weit: Die angesehene Juristin Brigitte Bierlein wird am 3. Juni 2019 zur ersten Bundeskanzlerin in der Geschichte Österreichs angelobt. Die Vorgeschichte war turbulent und bisher einmalig in Österreich.

Kurz zuvor hatte die „Ibiza-Affäre" die politische Landschaft der Republik erschüttert. Am 17. Mai 2019 um 18 Uhr abends veröffentlichen die deutschen Medien *Süddeutsche Zeitung* und *Der Spiegel* Ausschnitte aus einem Video, das den damaligen FPÖ-Politiker und Vizekanzler Heinz-Christian Strache bei einem privaten Abend auf der Insel Ibiza zeigt. Zum Zeitpunkt der Aufnahme war Strache Oppositionspolitiker. In diesem Video ist zu sehen, wie Strache einer Frau, die sich als reiche Russin ausgibt und vorgibt, viel Geld in Österreich investieren zu wollen, ein Versprechen macht. Er stellt in Aussicht, dass er ihr gewinnbringende öffentliche Aufträge zukommen lassen wird, sobald seine Partei die Regierung stellt. Zuvor solle sie Anteile an der auflagenstarken *Kronen Zeitung* erwerben und Straches damaliger Partei FPÖ durch positive Berichterstattung zu einem Wahlsieg verhelfen. Dieses Video, das unter dem Schlagwort „Ibiza-Affäre" in die politische Geschichte Österreichs einging, war ein unglaublicher Schock für das Land. „So sind wir nicht!", sagte der Bundespräsident damals den Bürgerinnen und Bürgern in einer Fernsehansprache.

Am Tag nach der Veröffentlichung des „Ibiza"-Videos tritt Strache von seinen politischen Ämtern zurück. Der damalige Bundeskanzler Sebastian Kurz erklärt einen Tag später den Rücktritt des damaligen Innenministers Herbert Kickl zu einer weiteren Bedingung für die Fortführung der Koalition. Der Kanzler schlägt dem Bundespräsidenten die Entlassung Kickls als Innenminister vor, die am 22. Mai 2019 erfolgt. Alle FPÖ-Ministerinnen und -Minister außer der damaligen von der FPÖ nominierten Außenministerin Karin Kneissl treten von ihren Ämtern zurück. Kanzler Kurz versucht, ein Weiterregieren zu ermöglichen, indem er am 22. Mai die vakant gewordenen Ministersessel mit Expertinnen und Experten besetzt. Aber mit den Stimmen von SPÖ, FPÖ und der damaligen Liste Pilz wird dem Kanzler und der gesamten Bundesregierung bereits nach wenigen Tagen Ende Mai 2019 von der Mehrheit im Parlament in einer Abstimmung das Misstrauen ausgesprochen.

Ein solches Misstrauensvotum ist das schärfste Kontrollinstrument, das dem Parlament zur Verfügung steht. Entzieht eine Mehrheit im Nationalrat einzelnen Ministerinnen und Ministern oder der gesamten Regierung das Vertrauen, muss der Bundespräsident sie laut Verfassung des Amtes entheben. Genau dies passiert in diesen Tagen. Neuwahlen werden für den Herbst beschlossen. Österreich braucht daher rasch eine Übergangsregierung, um zu verhindern, dass das Land in eine noch tiefere Krise schlittert.

Wer führt das Land in der Krise?

In dieser unglaublich angespannten politischen Situation hatte der Bundespräsident die schwierige Aufgabe, nicht nur den Bürgerinnen und Bürgern im Land Halt und Orientierung zu bieten. Er musste auch binnen kürzester Zeit eine Übergangsregierung organisieren, deren Mitglieder in der Bevölkerung, aber auch unter den Abgeordneten im Nationalrat eine hohe Akzeptanz genießen. Der Bundespräsident betrat hier politisches Neuland. Noch nie zuvor war einem Bundeskanzler das Vertrauen entzogen worden. Noch nie zuvor wurde in Österreich eine Expertinnen- und Expertenregierung angelobt.

Es wurden unglaublich viele Krisengespräche geführt, meist bis tief in die Nacht hinein. An einem dieser Abende standen mein Mann und ich bei uns zu Hause in der Küche und besprachen den Tag. Er ist ein ausgesprochen geduldiger Mensch, einer, der gründlich nachdenkt, der keine voreiligen Schlüsse zieht, sondern möglichst vieles bedenkt, um nach gewissenhafter Abwägung die vernünftigste Entscheidung zu treffen. An diesem Abend aber war seine Geduld schon aufs Äußerste gefordert.

Es war ohnehin eine alles andere als einfache Aufgabe, Ministerinnen und Minister für eine Übergangsregierung zu finden, die von einer klaren Mehrheit der Parlamentsparteien akzeptiert würde. Kaum näherte man sich einer Einigung, gab es doch wieder Bedenken von dieser oder von jener Seite. Speziell die Frage, wer denn an der Spitze dieser Regierung stehen sollte, schien fast unlösbar.

Ich hörte ihm lange zu, dann hatte ich eine Idee: „Du hast doch bereits Brigitte Bierlein als Justizministerin erwogen. Sie ist eine hochkompetente Frau, die unangefochten an der Spitze des Verfassungsgerichtshofs steht. Warum fragst du sie nicht, ob sie bereit wäre, Bundeskanzlerin zu werden?"

Mit dieser Option im Kopf ging mein Mann am nächsten Tag in sein Büro und besprach sich mit seinem Team. Nach gründlicher Abwägung war klar: Vieles spricht für Brigitte Bierlein als Bundeskanzlerin. Noch am selben Tag traf sie der Bundespräsident und ersuchte sie, diese Funktion im Sinne der Republik zu übernehmen. So erhielt Österreich im Jahr 2019 die erste und bisher einzige Bundeskanzlerin.

Brigitte Bierlein war nicht nur eine kompetente Juristin und beeindruckende Persönlichkeit. Sie war auch stets eine Pionierin. Im Jahr 1975 wurde sie mit nur 26 Jahren zur Richterin ernannt. 1990 wurde sie als erste Frau Generalanwältin in der Generalprokuratur beim Obersten Gerichtshof. Damals gelang es ihr, durch ihre Kompetenz, ihren beeindruckenden Willen und auch ihre harte Arbeit, in eine damals noch reine Männergesellschaft vorzudringen. Später wurde sie Präsidentin der Vereinigung Österreichischer Staatsanwältinnen und Staatsanwälte. 2003 wurde sie – wiederum als erste Frau – zur Vizepräsidentin des Verfassungsgerichtshofs bestellt. 2018 wurde sie schließlich die erste Präsidentin des Verfassungsgerichtshofs.

Brigitte Bierlein galt aufgrund ihrer politischen Herkunft als zutiefst bürgerliche Frau. Ich habe einen etwas anderen politischen Hintergrund. Aber im Einsatz für Frauenrechte waren wir uns immer einig. Wenn Frauen sich unabhängig von ihrem sonstigen weltanschaulichen Hintergrund oder ihrer Parteizugehörigkeit zusammenschließen, sind sie umso erfolgreicher.

Deshalb stehe ich auch in engem Kontakt mit Frauen aus kirchlichen Zusammenhängen. Ich selbst bin nicht besonders religiös, aber ich habe großen Respekt vor Religionen. In Angelika Ritter-Grepl, der Vorsitzenden der katholischen Frauenbewegung, habe ich eine wichtige Verbündete im Kampf um die Rechte von Frauen in Österreich und auch im Globalen Süden gefunden. Besonders bewundere ich ihre Beharrlichkeit im Kampf um die Gleichberechtigung in der katholischen Kirche. Aufgeben ist keine Option für Angelika Ritter-Grepl – im Gegenteil, jeder Handlungsspielraum und jede Einflussmöglichkeit wird im Sinne der Frauen genutzt.

Auch Österreichs erste Bundeskanzlerin Brigitte Bierlein blieb für mich über ihre Zeit im Kanzleramt hinaus bis zu ihrem leider viel zu frühen Tod am 3. Juni 2024 eine enge Mitstreiterin in Sachen soziale Gerechtigkeit und Frauenrechte.

Angelika Ritter-Grepl

eine fromme „Ehrenlesbe"

Angelika Ritter-Grepl

Als Alexander Van der Bellen 2016 zum ersten Mal zum Bundespräsidenten gewählt wurde, verdankte er zumindest eine Stimme seiner Mutter Alma. Diese war zwar bereits 1993 verstorben. Aber eine konnte sich noch an sie erinnern. „Meine Mutter war Damenschneiderin und die Mutter von Van der Bellen war ihre Kundin", erzählt Angelika Ritter-Grepl. Die Mutter sei zwar zutiefst bürgerlich-konservativ geprägt gewesen, „aber Van der Bellen wähle ich, sagte meine Mutter, weil das ist der Sohn einer richtigen Dame".

Angelika Ritter-Grepl ist Vorsitzende der katholischen Frauenbewegung Österreichs und, wie sie selbst sagt, eine „fromme Feministin". Jedes Jahr organisiert die katholische Frauenbewegung den „Familienfasttag", bei dem die katholischen Frauen Spenden für Projekte mit Partnerinnen im Globalen Süden sammeln. „Dafür hat Doris Schmidauer im Jahr 2020 uns ihr Rezept für eine italienische Minestrone-Gemüsesuppe zur Verfügung gestellt", erzählt Ritter-Grepl.

Der Globale Süden und das Engagement für globale Gerechtigkeit waren es auch, die Ritter-Grepl dazu brachten, sich in der Kirche zu engagieren. Aufgewachsen in einer bürgerlich-konservativen Innsbrucker Kaufmannsfamilie, besuchte sie das katholische Gymnasium der Ursulinen und traf dort auf den berühmten Pater Simon Kripp, einen Sozialpädagogen und Vertreter der sogenannten Befreiungstheologie. Diese entstand in den 1960er-Jahren in Lateinamerika. In der Befreiungstheologie nimmt die Befreiung der Armen und Unterdrückten der Welt eine zentrale Rolle ein. Die Befreiung aus Not und Armut soll mehr sein als ein Versprechen, das im Jenseits eingelöst wird. Für Angelika Ritter-Grepl ist es Aufgabe der Kirche, sich für globale Gerechtigkeit zu engagieren.

In Innsbruck baute Kripp in den 1970er-Jahren ein weltoffenes Jugendzentrum auf, das mit bis zu 1.500 jugendlichen Besucherinnen und Besuchern zur damaligen Zeit das größte in Europa war. „Da herrschte eine richtige Aufbruchstimmung im Land", erinnert sich Ritter-Grepl, die sich im Jugendzentrum engagierte. „Dort haben wir gelernt, dass man nicht für sich allein lebt und wir alle die Aufgabe haben, die Welt so zu gestalten, dass sie für alle gerecht ist", erzählt sie. Sie entscheidet sich, katholische Religionslehrerin zu werden, und unterrichtet mit gerade einmal 20 Jahren im polytechnischen Lehrgang Teenager, die nur wenige Jahre jünger sind.

Später leitet sie fast zwei Jahrzehnte das Frauenreferat der Diözese Innsbruck. Frauen und Kirche, das sei ein schwieriges Thema, meint die Vorsitzende der katholischen Frauenbewegung. „Auf der einen Seite gibt die Kirche Frauen schon Möglichkeiten, in einer Gemeinschaft aktiv zu werden. Auch innerhalb der kirchlichen Strukturen übernehmen immer mehr Frauen hohe Ämter." So habe etwa die Erzdiözese Salzburg eine Kanzlerin. Das sei die höchste Funktion neben Bischof und Generalvikar. Die Kanzlerin ist dafür zuständig, dass alle Rechtsakte der Erzdiözese, wie etwa Ernennungen oder Verordnungen, dem Kirchenrecht entsprechen. Auch zahlreiche Pfarren im Land seien ganz wesentlich vom Engagement von Frauen abhängig. „Auf der anderen Seite sind Frauen aufgrund der Verfasstheit der katholischen Kirche die Weiheämter verwehrt", kritisiert Ritter-Grepl.

Die Vorsitzende der katholischen Frauenbewegung ist aber überzeugt, dass sich das langfristig ändern werde. „Aus der Bibel heraus ist das eine unausweichliche Entwicklung. Wenn die Kirche die Botschaft Jesu Christi ernst nimmt, ist die Gleichberechtigung von Frauen ein Muss." Schließlich sei in der Bibel im Galaterbrief 3,28 zu lesen: „Es gibt nicht mehr Juden und Griechen, nicht Sklaven und Freie, nicht Mann und Frau; denn ihr alle seid ‚einer' in Christus Jesus." Die soziologischen Kategorien von Ethnizität, Schicht und Geschlecht werden überwunden sein, „und das muss sich in der soziologischen Struktur der Kirche abbilden", sagt Ritter-Grepl. „Die Frage ist nur, wie lange es dauert, bis die hierarchisch verfasste Kirche dies erkennt und dies auch gelebt wird."

Wie viel Frauen in der Weltkirche zu sagen haben, davon konnte sich Ritter-Grepl bei einer gemeinsamen Delegationsreise in den Vatikan überzeugen. „Doris Schmidauer hatte zuvor den Bundespräsidenten auf Staatsbesuch im Vatikan begleitet. Da fiel ihr auf, dass es im Vatikan sehr viele sehr hohe Kurienbeamtinnen gibt", sagt Ritter-Grepl. Diese Position im Vatikanstaat sei vergleichbar mit jener von Ministerinnen und Ministern einer Regierung. „Da hatte Frau Schmidauer die Idee, eine Begegnung zwischen leitenden Frauen der katholischen Kirche in Österreich und den leitenden Frauen im Vatikan anzustoßen", erzählt die Vorsitzende der katholischen Frauenbewegung. Unterstützt wurde dieser Plan von Franziska Honsowitz-Friessnigg, die damals österreichische Botschafterin am Heiligen Stuhl war, die Termine organisierte und begleitete.

Anfang Mai 2022 ging die Reise los. Die Frauendelegation traf hohe Funktionsträgerinnen des Vatikanstaats sowie auch der Kurienbehörde, die für die globale Kirche zuständig ist. „Wir konnten sogar an einer Audienz mit dem Papst teilnehmen", erzählt Ritter-Grepl.

Auch nach ihrer gemeinsamen Romreise stehen die katholischen Frauen und Doris Schmidauer in engem Austausch. „Mir sind Bündnisse mit Feministinnen außerhalb der Kirche sehr wichtig", sagt Ritter-Grepl. „In Fragen von Gleichberechtigung und sozialer Gerechtigkeit findet sich eine große Schnittmenge zwischen katholischer und autonomer Frauenbewegung", findet die Katholikin. „Der Unterschied entzündet sich immer an divergierenden Auffassungen zum Thema Abtreibung, bei dem wir katholische Frauen religiös bedingt und aus unserer Schöpfungsverantwortung heraus eine andere Position einnehmen."

Wie weit das Verbindende das Trennende zur Seite schieben kann, konnte Ritter-Grepl bereits vor vielen Jahren beweisen, als das Land Tirol 2009 seinen Nationalhelden Andreas Hofer feierte. „Da habe ich als Vertreterin der katholischen Frauen gemeinsam mit sämtlichen autonomen Frauenorganisationen in Tirol eine große Alternativveranstaltung organisiert", erzählt sie, „weil wir der Meinung waren, wir können die Verehrung dieses patriarchalen Helden, der in Tirol fast wie ein Heiliger gesehen wird, so nicht stehen lassen." Von den katholischen bis hin zu queeren Frauen, Drag Queens und Drag Kings seien alle dabei gewesen. „Es ist uns gelungen, gemeinsam eine große Frauenveranstaltung von so verschiedenen weltanschaulich unterschiedlichen Frauen auf die Beine zu stellen, mit dem gemeinsamen Bemühen, Heimat nicht eng zu denken."

Bei dieser Veranstaltung wurde die Katholikin, selbst seit 42 Jahren verheiratet und dreifache Mutter, von den autonomen Frauen zur „Ehrenlesbe" ernannt, als Zeichen dafür, wie sehr sie in dieser Community willkommen sei, erzählt Ritter-Grepl, „ein Titel, den ich bis heute mit Stolz trage".

Alles auf Anfang

„Unsere First Lady ist jetzt arbeitslos" ist keine Schlagzeile, die man sich wünscht. Doch genau so stand es im Herbst 2017 auf dem Titelblatt einer Gratiszeitung. Damals waren die Grünen bei der Nationalratswahl aus dem Parlament geflogen. Die Zeitung hatte recht: Nach fast 30 Jahren ging meine Zeit im Grünen Klub unfreiwillig und überraschend zu Ende. Es war ein sehr bitterer Moment.

Viele Jahre lang war ich Geschäftsführerin im Grünen Parlamentsklub, zuständig für Personalführung und Klubmanagement. Ich habe mich intensiv mit der strategischen Ausrichtung der Organisation beschäftigt, steuerte verschiedene Organisationsentwicklungsprozesse zur Verbesserung der internen Entscheidungs- und Kommunikationsstrukturen. Darüber hinaus organisierte ich Fortbildungen und Coachings, moderierte die Sitzungen des Klubs, führte alle Bewerbungsverfahren durch. Ich organisierte Veranstaltungen und war immer wieder auch damit beschäftigt, interne Krisen zu managen. Plötzlich hatte sich der Job, den ich so sehr liebte, einfach in Luft aufgelöst.

Mein Leben hatte sich aber bereits zwei Jahre zuvor unglaublich verändert. Kurz vor Weihnachten 2015 entschied sich mein Mann nach vielen gemeinsamen Gesprächen und Abwägungen, für das Amt des Bundespräsidenten zu kandidieren. Anfang Jänner gab er seine Kandidatur bekannt. Spätestens als Sascha es im ersten Wahlgang am 24. April 2016 in die Stichwahl geschafft hatte, wurde der Gedanke, wie ein etwaiger Wahlsieg unser Leben verändern würde, in meinem Kopf sehr laut.

Mir war von Anfang an klar: Sollte Sascha tatsächlich zum Bundespräsidenten gewählt werden, würde ich meine Arbeit im Parlamentsklub weiter ausüben.

Am 26. Jänner 2017 wurde mein Mann im historischen Sitzungssaal des Parlaments als Bundespräsident von Österreich angelobt. Es war ein unglaublich schöner, bewegender Vormittag. Nach diesem fordernden Jahr im Dauerwahlkampf war das eine unbeschreibliche Freude. Ich werde auch nie vergessen, wie sich tausende Menschen zwischen Parlament und Hofburg versammelten, um den neuen Bundespräsidenten zu feiern.

Wir verbrachten diesen Tag noch mit unseren Freundinnen, Freunden und der Familie, bedankten uns bei unseren Unterstützerinnen und Unterstützern und schlossen den Tag mit einem großen Abendempfang gemeinsam mit vielen offiziellen Ehrengästen. Aber am nächsten Tag verabschiedeten wir uns in der Früh voneinander. Sascha ging zu seinem neuen Arbeitsplatz in der Hofburg, ich in mein altes Büro im Grünen Parlamentsklub, der seine Räumlichkeiten hinter dem Burgtheater in der Löwelstraße im 1. Bezirk hat. Am Abend trafen wir einander zu Hause wieder. Wie viele andere Paare in Österreich eben auch. In den ersten Monaten seiner Präsidentschaft begleitete ich Sascha selten, aber doch auf Auslandsbesuchen. Dafür nahm ich mir natürlich bei meinem Dienstgeber Urlaubstage.

Im Grünen Parlamentsklub hatten Sascha und ich einander kennengelernt. Bereits Anfang der 1990er-Jahre, er war damals noch Professor für Volkswirtschaftslehre an der Universität Wien, war er dort immer wieder als Experte zu Gast. Ich muss zugeben, an das erste Zusammentreffen mit ihm kann ich mich rückblickend nicht erinnern. Und es war bei uns jedenfalls keine Liebe auf den ersten Blick. Wir waren später lange Arbeitskollegin und -kollege, teilten uns eine Zeit lang sogar ein Büro und kamen immer gut miteinander aus. Ich mochte seinen trockenen Humor sehr und schätzte an ihm, dass er ein ausgezeichneter Zuhörer ist. Irgendwann entwickelte sich aus dieser Freundschaft eine Liebe und Beziehung. Von Anfang an war es das Brennen für Politik, das Bemühen, die Welt zum Positiven zu verändern, das uns verband.

Willkommen in der Hofburg

Gleich an dem Tag, an dem Sascha die erste Stichwahl gewonnen hatte, meldete sich Margit Fischer, die Ehefrau des damaligen Bundespräsidenten Heinz Fischer, und lud mich zu einem Mittagessen ein. Sie erzählte mir bei diesem Treffen viel über den Alltag als Frau des Bundespräsidenten und gab mir wichtige Tipps. Etwas später hatte ich auch ein Treffen mit Margot Klestil-Löffler, der Witwe des 2004 verstorbenen Bundespräsidenten Thomas Klestil. Auch sie ließ mich an ihren Erfahrungen teilhaben und half mir damit sehr. Natürlich haben mich auch die Mitarbeiterinnen und Mitarbeiter in der Präsidentschaftskanzlei sehr darin unterstützt, mich auf diese doch sehr ungewohnte Aufgabe vorzubereiten. Protokollarische Herausforderungen, etwa wie ein Staatsbesuch genau abläuft, worauf man achten muss, wo man wann zu stehen hat – all das sind Dinge, die man nicht wissen kann. Das muss man einfach lernen und in diese Rolle hineinwachsen.

Viel Zeit dafür hatten wir allerdings nicht. Bereits im April, wenige Wochen nach Saschas Angelobung als Bundespräsident, kam die erste Feuerprobe auf uns zu. Prinz Charles, der heutige britische König, und dessen Frau Camilla, die heutige Königin, waren als Besuch angesagt. Heimlich habe ich mir damals schon gedacht, okay, der erste Staatsbesuch, aber müssen es jetzt gleich beim ersten Mal so prominente Gäste wie Charles und Camilla sein? Denn wir wussten ja, dass mehr als sonst alle Augen auf meinen Mann gerichtet sein würden: Welche Figur macht Sascha bei seinem ersten großen Staatsempfang in der Hofburg? Wie verhält er sich als Gastgeber?

Durch ihr beider Engagement in den Bereichen Klimaschutz und Wissenschaft hatte Sascha vom ersten Moment an eine ausgezeichnete Gesprächsbasis mit dem heutigen britischen König.

Sie haben sich auf Anhieb wirklich gut verstanden. Ich habe auch Camilla als sehr interessierte, offene und freundliche Persönlichkeit in Erinnerung.

Die Präsidentschaftskanzlei gab ein festliches Abendessen zu Ehren der britischen Royals, zu dem unter anderem die berühmte Designerin Vivienne Westwood, eine überzeugte Klimaaktivistin, extra anreiste. Da der heutige König Charles ausgeprägtes Interesse an ökologischem Landbau hat, waren neben Vertreterinnen und Vertretern aus Politik und Wirtschaft auch österreichische Pionierinnen und Pioniere der Biolandwirtschaft eingeladen. Der burgenländische Paradeiserspezialist Erich Stekovics überreichte Charles und Camilla dort als Geschenk Samen seltener alter Paradeisersorten.

Wir hatten damals den Eindruck, dieser zweitägige Staatsbesuch sei ohne „Hoppalas" und zur Zufriedenheit aller verlaufen. Aber manche Medien sahen das anders: Sascha habe einen „Fashion-Fauxpas" begangen. Im Vorfeld hatte man ihm geraten, zum Smoking statt einer schwarzen Masche eine dünne schwarze Krawatte zu tragen. Die Masche zum Smoking ist zwar der Klassiker. Aber es ist durchaus zulässig, den Smoking auf diese Art neu zu interpretieren.

„Fashion-Fehltritt bei Royal Dinner mit Charles", so lautete eine der Schlagzeilen damals. Ebenfalls wurde kritisiert, dass mein Mann keinen maßgeschneiderten Smoking trug, sondern einen von der Stange, der ihm, wie ich finde, aber sehr gut passte.

Als das spanische Königspaar im Februar 2022 zu Gast in Österreich war, sorgte nicht mein Mann unabsichtlich für Schlagzeilen. Diesmal passierte es mir. Der Besuch fand noch während der Coronazeit statt. Damals war es üblich, einander nicht per Händedruck zu begrüßen. Deshalb beugte ich mich zum Gruß etwas vor, wie ich es vorher und danach bei verschiedenen Gelegenheiten tat. Offensichtlich habe ich mich im Überschwang etwas zu tief gebeugt. Jedenfalls sah es auf manchen Fotos dann komisch aus. Es wirkte, als würde ich vor der Königin in die Knie gehen. Mir ist das in der

Situation gar nicht aufgefallen und auch all jenen, die bei dem Staatsbesuch um uns herumstanden, nicht. Aber als ich am nächsten Tag in der Früh die Zeitungen holte, sah ich mich auf den Titelblättern. „Verneigung der First Lady sorgt für Empörung", lautete die Schlagzeile. „Muss man sich hierzulande vor Monarchen verbeugen?", fragte die Zeitung.

Über diese Aufregung habe ich mich damals schon etwas gewundert. Meine Geste war natürlich nicht als Knicks vor Monarchen gemeint gewesen, sondern als herzliche und trotzdem coronakonforme Art der Begrüßung. Wir verneigen uns nämlich nicht vor Staatsoberhäuptern, wir schütteln ihnen die Hand. Dabei unterscheiden wir übrigens nicht zwischen einem gewählten oder gekrönten Staatsoberhaupt.

Einmal waren mein Mann und ich zu einem Staatsbesuch in einem Königshaus eingeladen. Vom Protokoll des Staates, den wir besuchten, wurde uns nahegelegt, dass es die Königin schätze, wenn sie mit Knicks begrüßt werde. Da habe ich klar gesagt, ich bleibe bei der gewohnten Begrüßung, dem Händeschütteln.

Genauso wie ich bei der Audienz beim Papst kein schwarzes Schleiertuch trug. Das schreibt der Vatikan Frauen nämlich auch nicht vor. Ich finde, eine solche Entscheidung muss jede Frau ganz für sich treffen dürfen, und ich will keinesfalls über andere Menschen und ihre persönlichen Entscheidungen urteilen. Ich habe für mich entschieden, keinen Schleier zu tragen.

Weil oft gefragt wird, woher mein Mann und ich wissen, welche Regeln bei Staatsbesuchen gelten: Damit alles reibungslos abläuft, erstellen die Protokollabteilungen beider Länder gemeinsam ein sehr detailgenaues Programm über den Ablauf. In einem solchen Protokoll wird etwa vorab dokumentiert, wer den Bundespräsidenten begleitet, wer in welchem Wagen Platz nehmen soll, wie die Kleidungsvorschriften sind, wie der genaue Zeitplan ist und zum Teil auch, wer bei den militärischen Ehren wo stehen muss. Da steht dann zum Beispiel „der König und Herr Bundespräsident stehen nebeneinander" und in der nächsten Zeile „die Königin und

Frau Mag. Schmidauer stehen dahinter". Je nach Land gelten hier sehr unterschiedliche Regeln: In manchen Staaten ist es der Partnerin oder dem Partner des Staatsgastes zum Beispiel gar nicht erlaubt, den roten Teppich zu betreten; sie müssen dann einen anderen Weg nehmen. Genau dafür ist der detaillierte Ablauf bei einem Staatsbesuch so wichtig: Man will ja schließlich in kein Fettnäpfchen treten.

Anderes modernisiert sich auch im Laufe der Zeit. Als Sascha 2017 erstmals die Bregenzer Festspiele eröffnete, war es noch so, dass er gemeinsam mit dem Herrn Landeshauptmann die Ehrenkompanie abschritt. Die Frau des Landeshauptmanns und ich sollten währenddessen an der Seite entlanghuschen, um unsere Männer dann vorne wieder zu erwarten. Da habe ich dann schon gefragt, ob das wirklich so sein muss. Und dies wurde mittlerweile auch geändert.

Abschied vom Grünen Klub

Im Dezember 2016 erlebte ich mit dem Wahlsieg meines Mannes den größten politischen Erfolg, nur zehn Monate später musste ich mit dem Scheitern der Grünen die größte Niederlage erleben.

Der Wahlabend des 15. Oktober 2017 war für die Grünen und natürlich auch für mich ein großer Schock. Bei der Nationalratswahl stürzten die Grünen von 12,42 Prozent auf 3,8 Prozent ab. 31 Jahre nach ihrem Einzug mussten sie im Hohen Haus ihre Zimmer räumen. Denn Parteien, die bei der Nationalratswahl weniger als vier Prozent der Wählerinnen- und Wählerstimmen erreichen, ziehen nicht in den Nationalrat ein. Bereits während des Wahlkampfs war mir klar, dass die Grünen an Stimmen verlieren werden. Aber ich hatte nicht erwartet, dass die Verluste derart dramatisch ausfallen würden. Die Grünen stellten zuvor 24 Abgeordnete und hatten insgesamt 90 Mitarbeiterinnen und Mitarbeiter im Parlament. Von einem Tag auf den anderen war all das vorbei. Da gingen die Emotionen hoch, Tränen flossen und die Suche nach den Ursachen begann.

Ich erinnere mich noch gut an den darauffolgenden Montag, als ich zu Fuß über die Mariahilfer Straße ins Büro gegangen bin – wir hatten für diesen Tag gleich eine Versammlung aller Mitarbeiterinnen und Mitarbeiter einberufen. Plötzlich wurde mir bewusst, dass die Tage, die ich diesen Weg in mein Büro gehen würde, gezählt waren. Meine 28 Jahre dauernde Tätigkeit im Grünen Parlamentsklub ging dem Ende zu. Alles, was ich in diesem Zeitraum mitgestaltet und mitaufgebaut hatte, musste ich jetzt auflösen und abbauen – „Abwicklung" nennt man das im Fachjargon. Geholfen haben mir der große Zusammenhalt unter den Mitarbeiterinnen und Mitarbeitern, schließlich saßen wir alle im gleichen Boot, und die anstehenden Organisationsaufgaben. Neben der Trauer war einfach viel zu tun, und diese Aktivitäten haben mich aufgerichtet. Gemeinsam mit den Kolleginnen und Kollegen in der Geschäftsführung und Klubleitung war es uns wichtig, den Abschied und die Abwicklung gut, professionell, wertschätzend und würdevoll zu begehen. Ausgerüstet mit einer großen Schachtel Taschentücher und einer ebenso großen Schüssel mit Süßigkeiten – beides wurde täglich nachgefüllt –, begannen die internen Beratungen und Kündigungsgespräche.

Der Abschiedsprozess wurde zu einer emotionalen Achterbahnfahrt. Im Dienstzeugnis, das mir meine damaligen Chefinnen und Chefs ausstellten, steht ein Satz, der mich in dieser schwierigen Zeit besonders berührte. „Ihre hervorragenden Fähigkeiten als Krisenmanagerin bewies sie nach der Wahlniederlage im Oktober 2017 ein letztes Mal", ist darin zu lesen. „Mit größtem persönlichen Einsatz und einer bewusst sehr offen gestalteten Informationspolitik ist es ihr gelungen, trotz des Schocks über das Ausscheiden des Klubs aus dem Nationalrat allen Klubmitgliedern einen wertschätzenden Abschied zu bereiten."

Ich hoffe, dass alle Mitarbeiterinnen und Mitarbeiter, die ich kündigen musste, dies auch so empfunden haben. Ich habe mich jedenfalls sehr bemüht, den Abschied der Grünen aus dem Hohen Haus ordentlich und menschlich zu gestalten. Ich habe mit jeder einzelnen Mitarbeiterin und jedem einzelnen Mitarbeiter ein persönliches Gespräch geführt. In jedem dieser Gespräche habe ich versucht, gemeinsam mit der betroffenen Person auszuloten, welche neuen beruflichen Perspektiven möglich sein könnten. Die aktive Gestaltung dieses Abschiedsprozesses half letztendlich auch mir selbst, meine jahrzehntelange Tätigkeit gut abschließen zu können.

Es dauerte bis zum Jahresbeginn 2018, bis das „Zusperren" des Parlamentsklubs der Grünen endgültig abgewickelt war. Rückblickend würde ich sagen, dass diese Zeit eine der schwierigsten meines Lebens war.

Leider war es damit mit dem Abschiednehmen nicht vorbei. Am zweiten Jännerwochenende fuhr ich nach Oberösterreich, um meinen Vater zu besuchen, der in Grieskirchen im Krankenhaus lag. Er war damals bereits 83 Jahre alt und seit längerem schwer krank. Trotzdem hatte ich nicht damit gerechnet, dass ich ihn an diesem Wochenende zum letzten Mal sehen würde.

Auch Sascha hatte an diesem Wochenende einen sehr traurigen Besuch vor sich. Im Gegensatz zu mir war er bereits ein Mal verheiratet. Nun lag seine frühere Frau Brigitte im Krankenhaus. Sie war kurz zuvor sehr schwer erkrankt. Brigitte und er hatten einander sehr jung kennengelernt. Gemeinsam mit den mittlerweile erwachsenen Söhnen Nicolai und Florian stand er Brigitte zur Seite, bis sie an diesem Wochenende im Krankenhaus starb.

Auch nach der Trennung blieben die beiden über viele Jahre hindurch freundschaftlich verbunden. Für ihn war es deshalb selbstverständlich, für Brigitte da zu sein – und natürlich auch für seine beiden Söhne. An diesem Wochenende verloren Sascha und ich jeweils einen wertvollen Menschen, der in unserem Leben eine unglaublich große Bedeutung hatte.

Ich vergrub mich damals in die Arbeit im Parlamentsklub. Aber auch damit war es nur wenige Wochen später zu Ende. Mit 31. Jänner 2018 wurde mein Dienstvertrag im Grünen Klub als einer der letzten aufgelöst. Vorbei war es mit meinem Job, der mir über viele Jahre große Freude gemacht hatte.

Zeitgleich mit der Räumung meines Büros, in dem sich naturgemäß einiges angesammelt hatte, übersiedelten mein Mann und ich in den 3. Wiener Bezirk. Mein Leben da wie dort verlagerte sich vorübergehend in Schachteln und wartete auf Neuordnung.

Vorher allerdings zelebrierten wir als Grüner Parlamentsklub noch ein großes Abschiedsfest. Mit Unterstützung einer externen Moderatorin, die uns über die Jahre immer wieder begleitet hatte, tauschten wir Erinnerungen aus und marschierten noch einmal gemeinsam von den Klubräumen in der Löwelstraße zum Parlament. Dort entstand auch unser Abschiedsfoto unter dem Schild „Baustelle Parlament" – zum damaligen Zeitpunkt begannen gerade die Umbauarbeiten des Parlaments.

Damit schloss sich für mich das Kapitel Grüner Klub.

Eine neue Aufgabe

Schon in den Jahren zuvor hat es immer wieder Momente gegeben, in denen ich mich fragte, wie lange ich noch bei den Grünen bleiben wollte. Nach so vielen Jahren im Parlament tauchte regelmäßig die Frage auf, ob ich nicht etwas Neues probieren wollte. Diese Entscheidung nahmen mir schließlich die Wählerinnen und Wähler ab. Eine Freundin, der ich zuvor öfters von meinen Überlegungen erzählt hatte, meinte damals: „So dramatisch hättest du den Jobwechsel auch nicht gestalten müssen." Aber es ist halt so passiert.

Nun war ich arbeitslos. Eine Frau, die mit 54 Jahren ihre Arbeit verliert, hat es oftmals sehr schwer, eine neue Anstellung zu finden. In den schlimmsten Fällen droht Langzeitarbeitslosigkeit und damit verbunden ein Abrutschen in die Altersarmut. Ich hingegen hatte das Glück, finanziell gut abgesichert zu sein und mir Zeit für meine berufliche Umorientierung nehmen zu können.

Eine Idee und ein lange von mir gehegter Traum war nämlich, mich als Unternehmensberaterin selbstständig zu machen. Es war mir immer wichtig gewesen, finanziell unabhängig zu sein. Ich habe mein Leben lang mein eigenes Geld verdient und war nie von einem

Partner abhängig. Ich begann also langsam, die dafür notwendigen Schritte einzuleiten, holte mir einen Gewerbeschein, überlegte mir Konzepte und sprach bereits mit möglichen Kooperationspartnerinnen und -partnern. Aber dann passierten zwei Dinge: erstens die Pandemie, die es mir unmöglich machte, in dieser Zeit selbstständig ein Unternehmen aufzubauen. Und zweitens kamen immer mehr Menschen auf mich zu, ob ich mich für ihre jeweilige Initiative, vor allem im Bereich Gleichstellung und Soziales, einsetzen könnte. So fand ich langsam in diese neue, für mich anfangs sehr ungewohnte Rolle und schöpfte daraus zunehmend Sinn und Freude.

Für die Funktion der sogenannten First Lady gibt es keine Jobbeschreibung. Ich überlegte mir aber in der Anfangszeit gut, wie ich diese Rolle positiv gestalten könnte. Aufgaben der Partnerin des Bundespräsidenten – einen Partner gab es bis dato ja noch nie – kommen in der Verfassung nicht vor und sind auch sonst nirgends definiert. Die Partnerin oder der Partner des österreichischen Staatsoberhaupts bekleidet kein offizielles Amt. Es ist eine ehrenamtliche Tätigkeit. In dieser Funktion übernimmt man dennoch eine ganze Reihe an Aufgaben und Auftritten, wenn man dazu bereit ist. Und ist gleichzeitig auch mit unterschiedlichen Erwartungen konfrontiert. Ich begleite meinen Mann bei öffentlichen Anlässen im In- und Ausland und trete auch bei Veranstaltungen von gemeinnützigen Organisationen und Initiativen auf. Besonders positiv empfinde ich die Überparteilichkeit als Maßstab für all meine Aktivitäten und Initiativen. Vielleicht weil ich viele Jahre in einer politischen Partei gearbeitet habe, sehe ich, was für einen Unterschied dies macht. Es zeigt, wie wichtig es ist, den eigenen Horizont zu erweitern und Grenzen im Kopf zu überwinden.

Neben den öffentlichen Auftritten sehe ich meine Funktion vor allem darin, Menschen zusammenzubringen, speziell auch solche, die zuvor keinen Kontakt zueinander hatten. Weil es wichtig ist, offene Gesprächsräume zu schaffen, haben wir dazu verschiedene Diskussionsformate entwickelt: kleine oder größere Runden, manchmal auch in einem informellen Rahmen.

Das sind Zusammenkünfte, bei denen Menschen, die unterschiedliche Positionen vertreten, zusammenfinden. Da saßen auch schon Aktivistinnen und Aktivisten von Fridays for Future gemeinsam mit Personen aus der Chefetage eines Energiekonzerns. Denn selbst dort, wo ein Konflikt schwelt, hilft es, einander in einem angenehmen Ambiente kennenzulernen und die verschiedenen Positionen auszutauschen.

So entstehen Kontakte, und im Idealfall spricht man nicht nur über das, was trennt, sondern auch über das, was verbindet. Jemand, der mir bei solchen Aktivitäten immer spannende Anregungen gibt, ist Angie Rattay, die Mitbegründerin und Organisatorin der jährlichen „Erdgespräche", bei denen wirklich beeindruckende Menschen von ihrem Kampf für die Rettung des Planeten vor dem ökologischen Zusammenbruch berichten. Angie ist eine begnadete globale Networkerin. Ich kenne sie noch aus meiner Zeit bei den Grünen. Seit einigen Jahren treffen wir uns mehrmals im Jahr zu unserem „Hunde-Kaffee". Da kommt sie mit ihrem Hund Mike zu mir, wir trinken gemeinsam einen Kaffee und tauschen Ideen aus. Durch sie lernten mein Mann und ich auch die indigene Aktivistin Juma Xipaia, eine imponierende junge Frau, kennen. Sie wurde im Alter von 24 Jahren als erste Frau Häuptling des indigenen Volkes der Xipaya im brasilianischen Amazonasgebiet und kämpft dafür, dass der Lebensraum der indigenen Völker nicht zerstört wird.

Langlebige Verbindungen

Am meisten freut mich, wenn aus von uns initiierten Events langfristige Kontakte und Projekte entstehen. So waren einmal um die 100 Vertreterinnen und Vertreter der österreichischen Zivilgesellschaft in der Präsidentschaftskanzlei unter dem Titel „Reden wir über Österreich – Dialog der Zivilgesellschaft" zu einem Empfang eingeladen. Da kamen von den oberösterreichischen Goldhauben und den Tiroler Schützen über die Freiwillige Feuerwehr bis hin zu Menschenrechts,- Tierschutz- und Gewaltschutzorganisationen die unterschiedlichsten Initiativen und Vereine. Wir versuchten, bei diesem Treffen ein möglichst weites Spektrum an Menschen zusammenzubringen, die sich auf vielfältige Art für dieses Land engagieren. All diese Gäste haben wir dann ganz bewusst jeweils an Vierer-Stehtischen so platziert, dass möglichst viele Menschen zusammentreffen, die einander sonst nicht begegnen. Da standen zum Beispiel die Vertreterinnen der Caritas mit den Herren und Damen von der Wasserrettung an einem Stehtisch. Die begannen zu diskutieren, und die Kollegen und Kolleginnen der Caritas erzählten von dem Problem, dass viele jugendliche Asylwerberinnen und Asylwerber, die in von der Kirche betriebenen Unterkünften leben, nicht schwimmen können. So entstand zum Beispiel die Idee, dass die Wasserrettung Schwimmkurse für diese Jugendlichen anbieten könnte.

Eine andere Zusammenarbeit, auf die ich stolz bin, entstand, als wir 2019 Auma Obama beim Wiener Opernball zu Gast hatten. Auma ist eine beeindruckende Person. Sie ist die Halbschwester des früheren US-Präsidenten Barack Obama, hat in Deutschland studiert und dort lange gelebt und leitet die Auma Obama Foundation Sauti Kuu in Kenia. „Sauti Kuu" bedeutet in der ostafrikanischen Sprache Swahili „starke Stimme", und das passt sehr gut. Denn das Ziel von Aumas Foundation ist es, Armut durch Ausbildung zu besiegen. Durch zahlreiche Ausbildungsprojekte soll eine nachhaltige wirtschaftliche Entwicklung der Region ermöglicht werden. An Aumas Foundation finde ich großartig, dass sie auf Hilfe zur Selbsthilfe setzt, dass Kinder und Jugendliche das Rüstzeug erhalten, das sie benötigen, um ihre Zukunft aus eigener Kraft selbst positiv gestalten zu können. Deshalb habe ich auch sehr gerne die Schirmherrschaft für Sauti Kuu in Österreich übernommen.

Aumas Stiftung unterstützt viele bäuerliche Familien, die aufgrund der massiven Trockenheit und der fehlenden Bewaldung in Kenia große Schwierigkeiten mit dem Anbau von Nutzpflanzen haben. Die Österreichischen Bundesforste besitzen eine hohe Kompetenz im Bereich Aufforstung und Anpassung von Nutzwäldern an die Erderwärmung. Deshalb kam ich auf die Idee, einen Kontakt zwischen Auma und den Bundesforsten zu vermitteln. So entstand im Juni 2022 ein vierwöchiger Bildungsaustausch. Eine zwölfköpfige Delegation aus Kenia reiste auf Exkursion zu den Bundesforsten und lernte dort, wie Wiederaufforstung in Zeiten der Klimakrise funktionieren kann, wie man die Wälder klimafit macht. Denn in der Region Siaya County, in der Aumas Stiftung tätig ist, sind nur mehr zwei Prozent der insgesamt 2.500 Quadratkilometer Fläche mit Wald bedeckt, obwohl die Region gute Voraussetzungen für Wälder hat. Dabei sind Wälder wichtig, um die Klimakatastrophe zumindest abzumildern. Deshalb und auch um den Menschen, die dort leben, ökonomisch eine Zukunft zu ermöglichen, braucht es dringend Aufforstung. Kooperationen über Grenzen hinweg, wie diese zwischen Auma Obamas Stiftung und den Bundesforsten, sind hier viel wert.

Auma hat uns bereits mehrfach eingeladen, ihre Foundation in Kenia zu besuchen. Wir hatten bereits eine Reise geplant – doch leider durchkreuzte die Coronapandemie unsere Pläne. Ich hoffe jedoch sehr, dass sich noch die Gelegenheit ergibt, diese Reise nachzuholen.

Angie Rattay

die Planetenretterin

Angie Rattay

„Dieses Kind wurde ohne Gebrauchsanweisung geliefert!", klagte die Mutter früher, wenn ihre Tochter wieder irgendeinen Blödsinn angestellt hatte. Dieser Satz fiel Angie Rattay wieder ein, als sie vor ihrem Diplomabschluss auf der Angewandten stand. Also erstellte die Grafikdesign-Studentin eine Gebrauchsanleitung für den Planeten Erde: Auf vier Beipackzetteln zeigt sie, woran der Planet krankt. Aber auch, welche Medizin es braucht, damit Luft, Tier- und Pflanzenwelt, Böden und Wasser gesunden können. Es ist eine Handlungsanleitung, die Menschen dazu anregen soll, nicht auf Kosten der Umwelt zu leben.

Das war im Jahr 2006. Angie Rattay war mit dem Projekt „Welt retten" ihrer Zeit voraus. „Damals kamen gerade einmal die ersten Energiesparlampen auf den Markt", erzählt sie. Ihre Beipackzettel erhielten zahlreiche Auszeichnungen, wurden bis heute mehr als 150.000-mal im deutschsprachigen Raum verteilt.

Rattay selbst begeistert sich schon als Kind für die Natur. „Ich bin in Wien im Gemeindebau aufgewachsen und war kein weitgereistes Kind. Das konnten sich meine Eltern nicht leisten. Urlaub bedeutete bei uns, sich ins Auto zu setzen und nach Osttirol zu fahren", erzählt sie. Dort habe sich ihr Vater in den Wald oder auf eine Almwiese gesetzt, habe gesagt: „Schau, da fliegt etwas Großes! Was könnte das sein?", und so stundenlang mit dem Kind die Natur beobachtet. Die Mutter habe ihr die Pflanzenwelt nähergebracht. „Für mich waren meine Eltern immer Mr. und Mrs. Dolittle. Wie Doktor Dolittle, der Arzt in dem Kinderbuch, der die Sprache der Tiere spricht", sagt Rattay.

Bereits als Volksschülerin wird sie zur Aktivistin. Ende der 1980er-Jahre soll das Dorfertal, in dem die Familie ihre Urlaube verbringt, einem Stausee weichen. Rattay sammelt mit ihren Eltern Unterschriften gegen das Kraftwerksprojekt, das schließlich am Widerstand der Bevölkerung scheitert. Statt der geplanten bis zu 220 Meter hohen Staumauer findet man dort bis heute Almen und Wälder.

Im Jahr 2007, nach einem Praktikum als Grafikerin in New York, gründet sie in Wien das Neongreen Network und im Zuge dessen die „Erdgespräche" mit dem Ziel, „einen Raum zu schaffen, in dem ein Mal pro Jahr Menschen zusammenkommen, denen unser Planet nicht egal ist. Wo sie durch inspirierende Talks von Heldinnen des Alltags neue Inputs erhalten, sich austauschen und vernetzen können." So organisiert sie 2008 mit Freunden und Freundinnen die ersten „Erdgespräche", zu denen 135 Personen kamen. Mittlerweile füllen die jährlich stattfindenden Veranstaltungen eine große Halle im Museumsquartier in Wien mit um die tausend Teilnehmerinnen und Teilnehmern und einem ganz besonderen Gast: Schirmherr der Erdgespräche ist Bundespräsident Alexander Van der Bellen.

Rattay holte für ihre „Erdgespräche" in den vergangenen Jahren unter anderem die schottische Juristin Polly Higgins nach Wien, die sich bis zu ihrem Tod im Jahr 2019 dafür einsetzte, dass die Vereinten Nationen das Völkerrecht um den sogenannten Ökozid, also die bewusste Schädigung und Zerstörung des Ökosystems zum Zwecke der Profitmaximierung, als Verbrechen gegen den Frieden erklärt. Oder Andrea Crosta, den Geschäftsführer von Earth League International, einer Non-Profit-Organisation, die den illegalen Handel mit Elfenbein, Tigerfellen und Nashorn-Hörnern bekämpft. Er war Initiator der Whistleblower-Plattform Wildleaks, der Verbrechen gegen Wildtiere gemeldet werden können.

Bei den „Erdgesprächen" trat auch die indigene Kämpferin Juma Xipaia auf. Sie ist Häuptling des Volkes der Xipaya im Amazonasgebiet und kämpft gegen die Zerstörung des Regenwalds durch Staudammprojekte, Rodungen oder illegalen Goldabbau. Sie überlebte bereits einige Mordversuche in ihrem Herkunftsland Brasilien. Im April 2022 war sie der erste weibliche indigene „Staatsgast", den jemals ein Bundespräsident in der Hofburg empfing.

Ihre „Erdgespräche" sieht Rattay auch in der Tradition einer ihrer weiteren Passionen: Science-Fiction. Diese Geschichten aus der Zukunft haben für die Umweltaktivistin immer auch eine politische Komponente. „‚Captain America' oder ‚Superman' wurden von jüdischen Flüchtlingen gezeichnet und geschrieben. Auf dem ersten Cover von ‚Captain America' wurde Adolf Hitler ins Gesicht geschlagen", erzählt sie. Comics seien eine wichtige Kunstform, gerade die Popkultur thematisiere regelmäßig politische Probleme. Mit den „Erdgesprächen" wolle sie ihre Version der Superheldinnen und -helden auf die Bühne bringen. „Es sind immer einzelne Personen, die zeigen, dass jeder und jede ihren Beitrag leisten kann, um die Welt positiv zu verändern." Immer wieder höre sie, als Einzelne könne man doch nichts erreichen. „Wenn das jeder denkt, haben wir ohnehin bereits verloren. Aber wenn jede einzelne Person sich bewusst macht, dass ein Mensch viele andere beeinflussen kann, und wenn das Millionen denken, dann ist das eine unglaubliche Kraft." Viele Leute seien sehr gut darin, sich kleinzureden, findet Rattay. „Aber von dieser Ohnmacht der vielen profitieren nur die Gierigen, die unseren Planeten ausbeuten. Deshalb ist es so wichtig, gegen Unrecht, Ausbeutung und Zerstörung aufzustehen."

Frauen in Österreich

Wenn ich mich in wenigen Worten politisch verorten müsste, dann so: Feministin und Kämpferin für Klimaschutz und Chancengerechtigkeit.

Meine feministische Grundeinstellung entwickelte sich bereits während meiner Schulzeit, nicht zuletzt durch die vielen Gespräche und auch Auseinandersetzungen mit meiner Mutter und meinem Vater über die Rolle der Frau und die Frage der Gleichberechtigung. Als wir in der Oberstufe waren, marschierten meine Schulfreundinnen und ich gern in einen bekannten Linzer Alternativladen und kauften uns dort unsere ersten feministischen Zeitschriften.

Wir waren damals junge Mädchen, hatten noch wenig erlebt, schließlich war in Wels, wo ich zur Schule ging, kaum etwas los. Partys oder ähnliche Events kamen für uns Internatsschülerinnen nicht in Frage. Durch Bücher und Zeitschriften, die wir lasen, hatten wir in unserer Phantasie aber schon viel „erlitten". Wir solidarisierten uns im Geiste mit den ausgebeuteten Frauen, empörten uns über die Diskriminierung von Frauen auf der Welt. Und sogen so die ersten feministischen Ideen in uns auf.

Daraus wurde im Laufe der Jahre und Jahrzehnte ein fundiertes feministisches Weltbild. Eigene Erfahrungen, Wahrnehmungen und der Aufstieg des Feminismus von einer Randerscheinung in die Mitte der Gesellschaft trugen dazu bei. Eine ganz zentrale Persönlichkeit war und ist für mich die Feministin und Sozialdemokratin Johanna Dohnal. Sie zählt zu den wichtigsten Frauenpolitikerinnen der Zweiten Republik und hat zentrale Weichen gestellt, auf denen ihre Nachfolgerinnen aufbauen konnten. Johanna Dohnal war ab 1979 viele Jahre Frauenstaatssekretärin und von 1991 bis 1995 die erste Frauenministerin des Landes.

Nun, wo mein 61. Geburtstag bereits vorbei ist, habe ich das Gefühl: Je älter ich werde, desto ausgeprägter wird mein Feminismus.

Ich sehe auch in meinem Umfeld, dass Frauen, die früher dachten, sie sind jung, leistungsstark, gut ausgebildet, sie schaffen alles selbst und brauchen keine Quote, sich mehr und mehr feministischen Prinzipien zuwenden. Viele dieser Frauen merken irgendwann, dass selbst die beste Ausbildung, die höchste Kompetenz nicht ausreicht. Dass sich strukturell etwas ändern muss. Und nun erleben sie, wie es ihren Töchtern ebenso geht wie ihnen damals, als sie jung waren.

Gleiches Geld für alle?

Was mich empört, ist das Gefälle zwischen den Geschlechtern bei Fragen des Einkommens sowie der Mitsprache in Politik, Wirtschaft und Kultur. Laut Global Gender Gap Report 2024[1] lag Österreich bei der Gleichberechtigung zuletzt auf Platz 49 von insgesamt 146 Staaten der Welt. Beim sogenannten Gender Pay Gap, der die unterschiedlichen Gehälter von Männern und Frauen misst, lag diese Kluft in Österreich laut Statistik Austria bei durchschnittlich 18,4 Prozent brutto.[2] Österreichische Frauen arbeiten also etwa 61 Arbeitstage pro Jahr kostenlos. Oder, anders ausgedrückt, beinahe jedes sechste Arbeitsjahr ist bei Arbeitnehmerinnen unbezahlt.

Der Gender Pay Gap ist verlässlich einmal im Jahr in den Schlagzeilen. Es gibt aber auch andere, weniger bekannte Ungerechtigkeiten in der Arbeitswelt, die mehr Aufmerksamkeit verdienen würden. Kennen Sie den Begriff „Leaky Pipeline"? In Österreich besitzen Frauen mittlerweile in vielen Bereichen höhere Bildungsabschlüsse als Männer. Trotzdem nimmt der Frauenanteil ab, je höher die beruflichen Qualifikationsebenen und Karrierestufen sind. Ich frage mich: Wohin und wann verschwinden diese hochqualifizierten Frauen?

Ein Grund für dieses „Verschwinden" liegt in der ungleichen Verteilung von unbezahlter Arbeit. Zu Hause leisten Frauen täglich fast zwei Stunden mehr unbezahlte Arbeit als Männer.[3] Es ist das Einkaufen auf dem Weg vom Büro nach Hause, das Abholen der Kinder aus Kindergarten und Hort, das Kochen, das Putzen, die Pflege der alten oder kranken Angehörigen. All das leisten Frauen wie selbstverständlich. Weil es eben getan werden muss.

Allein mit Kinderbetreuung verbringen Frauen im Durchschnitt mehr als doppelt so viel Lebenszeit als Männer. Selbst in Partnerschaften, in denen die Frau mehr Zeit im Beruf verbringt als ihr Partner, ist es trotzdem noch sie, die mehr als die Hälfte der Hausarbeit erledigt. Unbezahlt natürlich.

Warum ist das bei uns in Österreich so – und warum ist es woanders besser? Diese Frage brachte mich nach Island, das als Musterland in Sachen Gleichberechtigung gilt. Ich fragte mich, warum dieser Inselstaat uns so weit voraus ist und was wir daraus lernen können.

Um eine Antwort auf diese Frage zu bekommen, lud ich Eliza Reid ein, über den Streik der Isländerinnen zu sprechen, der eine Trendwende hin zu mehr Gleichberechtigung einläutete. Eliza stammt aus Kanada, ist Journalistin und war von 2016 bis 2024 First Lady, ihr Mann, Guðni Jóhannesson, ein Historiker, Präsident von Island. Ich habe Eliza im Jahr 2023 kennengelernt und war sofort von ihr beeindruckt.

Eliza hat ein beeindruckendes Buch geschrieben, es heißt „Das Geheimnis der Sprakkar"[4]. Der Ausdruck „Sprakkar" steht im Isländischen für außergewöhnliche, herausragende Frauen. Im Global Gender Gap Report des Weltwirtschaftsforums steht Island seit über einem Jahrzehnt immer auf dem 1. Platz jener Länder, in denen die Gleichberechtigung zwischen Männern und Frauen am weitesten umgesetzt ist.

Als ich meinen Mann 2023 zur UN-Generalversammlung in New York begleitete, besprach ich mich zuvor mit Elke Büdenbender. Sie ist die Ehefrau des deutschen Bundespräsidenten Frank-Walter

Steinmeier und wurde für mich in den vergangenen Jahren zu einer engen Verbündeten, was die Themen Gleichberechtigung und auch den Kampf für soziale Gerechtigkeit betrifft. „Triff doch unbedingt Eliza, sie ist auch in New York", riet sie mir. Wir haben nämlich eine Art informelles Netzwerk unter den First Ladies und den First Gentlemen der Welt, in dem wir einander unterstützen, einander Ratschläge geben oder einfach dabei helfen, Kontakte zu knüpfen.

Die Präsidentschaftskanzlei veranstaltet jedes Jahr rund um den Weltfrauentag ein großes Frauenevent. Jährlich kommen etwa 500 Frauen aus Wirtschaft, Politik, von NGOs, aus der Bildung und aus vielen anderen Bereichen für diesen Tag in die Hofburg.

Die frühere First Lady Islands sprach auf unserer Frauentags-Veranstaltung in der Hofburg 2024 auch über die „Sprakkar" aus ihrem Buch. Die Sprakkar sind – so Reids These – der Grund dafür, dass in Island Gleichberechtigung so beindruckend gelebt wird, und dies in allen gesellschaftlichen Bereichen bis hinauf zum Amtssitz des isländischen Präsidenten.

Was war das nun für ein Aufbegehren der isländischen Frauen? In Island gilt seit 1915 das Frauenwahlrecht. Aber von Gleichberechtigung war das Land auch Jahrzehnte später noch weit entfernt. Lediglich fünf Prozent der Abgeordneten im isländischen Parlament waren 1975 weiblich. Berufstätige Frauen verdienten 60 Prozent des Lohns, den Männer erhielten. All dies führte zum ersten Frauenstreik in Island.

Am 24. Oktober 1975 legten die Isländerinnen die Arbeit nieder. Allerdings nannten sie es damals nicht Streik. Sie sagten: Wir nehmen uns einen Tag frei. Dank dieser Sprachregelung war es für mehr Frauen vorstellbar, mitzumachen. Einen freien Tag, den hatten sie sich schließlich verdient. Das Motto der Demonstrantinnen lautete: „Ich wage, ich kann, ich werde."

Dieser Streiktag bedeutete in Island eine Initialzündung für mehr Gerechtigkeit zwischen den Geschlechtern. Heute ist Island das Land auf der Welt, in dem Frauen den höchsten Einfluss und die besten Möglichkeiten zur Entfaltung haben, aber auch das Land, in dem Männer am meisten Verantwortung für Haushalt und Kinderbetreuung übernehmen.

Im Jahr 1975, als die isländischen Frauen erstmals streikten, war mir noch gar nicht bewusst, welche historische Tat die Frauen dieses Inselstaates damals leisteten. Ich war aber auch erst zwölf Jahre alt, und bis zum strengen katholischen Internat bei den Schulschwestern in Wels, das ich in jenen Jahren besuchte, hatte sich diese feministische Sensation nicht durchgesprochen. In die kleine oberösterreichische Stadt Peuerbach, wo ich mit meinen Eltern und meinem jüngeren Bruder Peter aufwuchs, schon gar nicht.

Wenn ich daran denke, was mir Frauen erzählen, die es in Österreich beruflich ganz nach oben geschafft haben, dann sehe ich noch viel Aufholbedarf. Besonders in Erinnerung geblieben ist mir ein Gespräch mit der österreichischen Managerin Sandra Gott-Karlbauer, die von 2019 bis vor kurzem Geschäftsführerin der Technische Services GmbH bei den Österreichischen Bundesbahnen war. Sie erzählte mir, dass sie zum Teil erst Frauengarderoben in den Werkstätten durchsetzen musste, damit auch Frauen dort arbeiten konnten.

Auch im Jahr 2019 war es noch keine Selbstverständlichkeit, dass Frauen in klassischen Männerdomänen reüssieren konnten. Sandra Gott-Karlbauer hat mit Durchhaltevermögen und Überzeugungskraft Frauen und Mädchen immer wieder ermutigt, zu neuen Ufern aufzubrechen. Genau so lebt sie es vor.

Traditionelle Rollenbilder

In Österreich hat sich viel zum Positiven verändert. Mein Mann kam im Jahr 1944 zur Welt. Er kennt noch die Zeit, in der ein gleichberechtigtes Miteinander von Frauen und Männern nicht die gesellschaftliche Norm war. Aber gesellschaftliche Normen sind nicht in Stein gemeißelt. Wir sind es, die gemeinsam unsere Gesellschaft und natürlich auch unser persönliches Umfeld prägen.

Eine frühere Grünpolitikerin, die uns beide seit Jahrzehnten kennt, sagte einmal in einem Interview, Sascha sei nie ein Machotyp gewesen, „aber ich glaube nicht, dass er ohne seine Frau Doris der Feminist wäre, der er heute ist". Ich bin überzeugt, dass Sascha auch ohne mich ein Feminist wäre, denn er hat ein großes Gespür für Ungerechtigkeit. Vor allem als Ökonom argumentiert er immer wieder, wie verantwortungslos es sei, so viel Potenzial von Frauen in der Arbeitswelt ungenutzt zu lassen.

Aber auch bei uns ist nicht alles perfekt halbe-halbe aufgeteilt. Einkaufen würde Sascha zwar gehen, aber das erledige ich lieber allein. Weil es unglaublich lange dauert, bis wir aus dem Supermarkt hinaus sind, wenn Sascha dabei ist. Das liegt nicht an ihm, sondern ihn sprechen einfach viele Menschen an, wollen ein Selfie mit ihm machen. Ich kann mich viel unauffälliger in der Stadt bewegen, weil ich seltener erkannt werde. Vor einiger Zeit hat mich die Verkäuferin in unserem Supermarkt gefragt: „Wann kommt denn Ihr Mann wieder mit zum Einkaufen?" Dann hat sie lachend wie zur Entschuldigung gesagt: „Aber eh nicht wegen ihm – sondern wegen der feschen Bodyguards!" Das fand ich sehr nett.

Kochen kann Sascha bis heute nicht. Das wird sich wohl auch nicht mehr ändern. Damit kann ich leben, schließlich koche ich gerne und viel, ganz besonders gerne für Freundinnen, Freunde und Verwandte. Bei der Betreuung unserer Hündin Juli trägt mein Mann die Hauptverantwortung. Vor allem übernimmt er die abendlichen Gassirunden.

Auf den Hund bin ich überhaupt erst durch meinen Mann gekommen. Sascha wuchs bereits in seiner Kindheit mit Hunden auf und hatte auch später stets Hunde, die ihn begleiteten. Von mir erzählten meine Eltern hingegen stets die Geschichte, dass meine Mutter mich eines Tages beim Einkaufen am Marktplatz entdeckte, wie ich mich dort fest gegen die Häuserwand presste. Ich war damals erst ein Kindergartenkind und aus irgendeinem Grund schickte mich die Kindergärtnerin nach Hause, ohne zuvor meine Mutter zu informieren. Weil ich mich so sehr vor Hunden fürchtete, stand ich in Schockstarre an die Wand gedrückt. Ich hatte immer ein mulmiges Gefühl bei Hunden, erinnere mich an einen kläffenden

Hund, der mich immer laut begrüßte, wenn ich als Kind Milch holte. Auch später hatte ich nie Kontakt zu Hunden. Aber Saschas Hunde haben mein Herz erobert. Und heute bin ich froh, dass wir unsere Juli haben. So gesehen hat Sascha nicht nur den Schmidauer-Clan dazubekommen. Er hat unseren Clan um seine Familie und um die Spezies Hund erweitert.

Natürlich hatten wir in unserer Beziehung viel weniger Hausarbeit aufzuteilen, weil wir keine gemeinsamen Kinder haben. Als ich Sascha kennenlernte, waren seine beiden Söhne aus erster Ehe bereits erwachsen.

Dass ich kinderlos bin, war keine bewusste Entscheidung. Es hat sich schlicht und einfach nicht ergeben. Nichtsdestotrotz bin ich ein richtiger Familienmensch. Mir sind meine Freunde, Freundinnen und Verwandten sehr wichtig und ich achte darauf, dass wir uns die Zeit nehmen, bei Familienfeiern dabei zu sein. Genauso wichtig ist mir, dass wir trotz der vielen beruflichen Termine mit unseren alten Freundinnen und Freunden in engem Kontakt bleiben. Mit vielen Menschen habe ich seit meiner Kindheit enge Beziehungen, in jeder Lebensphase sind neue Menschen dazugekommen, die mir wichtig sind. Mit meiner engsten Freundin Sabine war ich etwa gemeinsam im Internat. Andere sind seit der Studienzeit enge Freundinnen und Freunde, und auch aus unserer Zeit im Grünen Klub gibt es so manche, mit denen wir bis heute eng verbunden sind.

Mir war immer klar, dass es diese engen Freundinnen und Freunde sind, die uns immer bleiben werden, und dass man diese Freundschaften pflegen muss. Sascha ist eigentlich eher der Typ, der auch allein mit seinen Büchern zufrieden ist. Aber mittlerweile schätzt er diese gemeinsamen Runden mit unseren Freundinnen und Freunden sehr.

Wir sitzen oft am Abend zu Hause und tauschen uns über aktuelle politische Ereignisse aus. Manchmal sitzen wir auch nur gemeinsam vor dem Fernseher und schauen „Tatort". Gerade wenn die Tage sehr dicht sind, befinden wir uns tagsüber zwar im selben Gebäude, der Hofburg, aber sehen einander den ganzen Tag nicht. Oftmals verreist Sascha auch zu einem Staatsbesuch und ich bleibe in Wien und gehe hier meinen eigenen Aktivitäten nach.

Sind wir beide in der Hofburg, versuchen wir, wenn die Termine es zulassen, gemeinsam zu Mittag zu essen. Das ist auch wirklich schön, das ist dann eine gemeinsame halbe Stunde, in der wir uns austauschen können.

Bei einem dieser Mittagessen sprachen wir auch über den Frauenstreik in Island. Denn die isländischen Frauen legten nicht nur im Jahr 1975 ihre bezahlte und unbezahlte Arbeit nieder, sie taten dies auch am 24. Oktober 2023. Sie protestierten gegen Diskriminierung am Arbeitsplatz, sexuelle Gewalt und auch dagegen, dass Frauen neben ihrer bezahlten und unbezahlten Arbeit in vielen Fällen den sogenannten „mental load" bewältigen müssen.

Dieser bezeichnet die permanente mentale Belastung von Frauen. Sie sind es, die im Kopf haben müssen, wann die Kinder zum nächsten Impftermin sollten, wann der Elternabend in der Schule ist, sie vergessen nicht, im Kindergarten anzurufen, wenn das Kind krank ist, besorgen die Geschenke für die Geburtstagsparty und vieles mehr. All diese Denk- und Organisationsaufgaben sind auch in Österreich zwischen den Geschlechtern nicht fair verteilt.

In Island wurde der Protest der Frauen 2023 von der damaligen Premierministerin Katrín Jakobsdóttir angeführt. In Spanien, wo Frauen 2018 unter dem Motto „Wenn wir streiken, steht die Welt still" am Weltfrauentag die Arbeit niederlegten, sagte die spanische Königin Letizia an diesem Tag all ihre Termine ab, um sich am Frauenstreik beteiligen zu können.

Wenn sich die Frauen in Österreich auch einmal entscheiden, so ein starkes Signal für Gleichberechtigung zu setzen, ist ihnen die Unterstützung von Sascha und mir sicher.

Sandra Gott-Karlbauer

eine Pippi Langstrumpf kämpft sich an die Spitze

Sandra Gott-Karlbauer

Wer wie Pippi Langstrumpf aufwächst, kann sich im Leben überall durchsetzen – auch dort, wo normalerweise Männer unter sich sind. „Nach der Scheidung meiner Eltern, als ich zehn Jahre alt war, blieb ich bei meinem alleinerziehenden Vater", erzählt Sandra Gott-Karlbauer. „War er auf Dienstreise, musste ich mich selbst um alles kümmern, und das bis zu seiner zweiten Heirat, als ich 16 Jahre alt war." Die Zwei-Personen-Familie sei ein perfekt eingespieltes Team gewesen. „Aber ich hatte alles andere als eine klassische Mädchenerziehung. Dafür hat mir mein Vater unglaublich viel Selbstbewusstsein mitgegeben", sagt die erfolgreiche Managerin.

Ein gutes Ego benötigt sie auch, als sie beschließt, nach ihrem Psychologie- und Wirtschaftsstudium nach Barcelona zu gehen – ohne Job und ohne ein Wort Spanisch zu verstehen. Sie landet in einer Zehn-Personen-WG ohne Warmwasser, kann von den schlecht bezahlten Studentinnenjobs kaum leben. „Also habe ich mich einfach blind bei der Unternehmensberatung Roland Berger in Barcelona beworben", erzählt Gott-Karlbauer. Die selbstbewusste junge Frau macht Eindruck. Das international agierende Beratungsunternehmen bietet ihr einen Job in seinem Hauptsitz in München an.

Sie zieht von Spanien nach Deutschland und ist fünf Jahre im Bereich Restrukturierung tätig, damals eine völlige Männerdomäne. Gott-Karlbauer stellt marode Firmen neu auf, Sparkurs inklusive. „Egal, wo ich hinkam, es war immer dasselbe Bild: Chefs, die nur Jasager um sich haben, und Leute, die keine Entscheidungen treffen. Wenn der Chef dann einmal falsch abbiegt, gibt es niemanden, der widerspricht." Sie selbst habe aus dieser Erfahrung gelernt, Teams, mit denen sie arbeitet, möglichst divers aufzustellen, um blinde Flecken abzudecken. „Und immer Leute so aufbauen, dass sie einem sofort nachfolgen können", sagt Gott-Karlbauer.

Mit nur 29 Jahren saniert die gebürtige Kärntnerin eine deutsche U-Boot-Firma, steht dort als einzige Frau in einer riesigen Werft. „Die wussten anfangs gar nicht, was sie mit mir tun sollen, weil in die Küche gehörte ich ja nicht." Später holt sie die frühere SPÖ-Politikerin und langjährige Siemens-Vorstandsvorsitzende Brigitte Ederer zu diesem Weltkonzern. Gott-Karlbauer ist gerade erst 30 Jahre alt, als sie bei Siemens als interne Beraterin sehr große Projekte umsetzt. Mit 34 Jahren bekommt sie ihren Sohn und geht mit Mann und Baby auf Weltreise. Drei Jahre später ist sie mit nur 37 Jahren weltweite Geschäftsführerin bei Siemens in der Zugsparte städtischer Nahverkehr. Sieben Jahre ist sie dort tätig, reist durch die Welt, bringt das Unternehmen mit etwa zwei Milliarden Umsatz unter die Top 3 der Welt.

Wie es ihr gelang, so schnell so weit nach oben zu kommen? „Ich war zielstrebig und habe mir nichts gefallen lassen", sagt Gott-Karlbauer. „Wenn blöde Sprüche kamen, habe ich immer zurückgehaut." Schon als Junior Consultant habe sie auf die Aufforderung, Kaffee für die Chefs zu holen, geantwortet: „Nein. Ich mache das nicht. Das ist diskriminierend." Als Frau und Nicht-Technikerin müsse man sich in einer solchen Männerdomäne eben immer besonderes Gehör verschaffen.

Während sie beruflich die Karriereleiter erklimmt, kracht es privat. Der gemeinsame Sohn ist sieben Jahre alt, als ihr Mann, der sich die meiste Zeit um das Kind kümmerte, die Scheidung einreicht. Gott-Karlbauer ist plötzlich dasselbe wie einst ihr Vater: alleinerziehend. „Deshalb musste ich mir einen Job in Österreich suchen", erzählt sie.

Die Managerin wechselt zu den Österreichischen Bundesbahnen (ÖBB), wird 2018 Leiterin der Strategieabteilung und ein Jahr später Geschäftsführerin der ÖBB-Technische Services GmbH mit 4.000 Technikerinnen und Technikern, die sämtliche Schienenfahrzeuge der Bahn umbauen und warten. In dieser Funktion achtet sie darauf, ein berufliches Umfeld zu schaffen, das diese Jobs für Frauen attraktiver werden lässt. Sie lässt Duschen so umbauen, dass sie nicht einsichtig sind, die Arbeitskleidung so umschneidern, dass sie auch

Frauen bequem passt, baut ein innerbetriebliches Frauennetzwerk auf. „Ich war an Standorten, da gab es keine Umkleidemöglichkeit für Frauen", erzählt sie. Auf ihre Nachfrage habe man ihr erklärt, Frauengarderoben brauche es nicht, weil hier ohnehin nur Männer arbeiten. „Denen habe ich gesagt, doch, die brauchen wir, weil wir nicht mehr in den 1950er-Jahren sind."

Als Geschäftsführerin gibt sie die Order aus, dass jeder Fall von Diskriminierung und Belästigung direkt an sie gemeldet werden müsse. Bei der innerbetrieblichen Nachwuchsförderung besteht Gott-Karlbauer darauf, dass zumindest 30 Prozent Frauen sind. „Und plötzlich fanden sich die Mitarbeiterinnen", erzählt sie. So gelingt es ihr, den Frauenanteil in der ÖBB Technik binnen weniger Jahre von vier auf acht Prozent zu heben. Es gebe Frauen, „die leben Frauensolidarität, die haben ihr Netzwerk und stützen einander", sagt Gott-Karlbauer. Sie selbst habe sich auch immer zu diesen gezählt. „Ich habe aber auch Kolleginnen erlebt, die Frauen nicht unterstützen, auch, weil sie wissen, dass dies bei manchen Chefs nicht gut ankommt."

Man müsse als Alleinerziehende mit bis zu 70 Arbeitsstunden pro Woche auch Abstriche machen, sagt Gott-Karlbauer. „Ich bin keine gute Hausfrau", erzählt sie. „Als mein Sohn in der Volksschule war, sagte er einmal zu Gästen: ‚Die Mami kann gar nicht kochen. Aber sie kann unglaublich gut Essen bestellen.'"

Im Winter 2024, mit 50 Jahren, bahnt sich der nächste große Einschnitt in Gott-Karlbauers Leben an. Der Bub von damals ist nun schon fast erwachsen, „und ich wollte noch etwas Neues ausprobieren". Sie kündigt ihre Top-Position bei den ÖBB und springt beruflich noch einmal ins kalte Wasser. Davor geht es aber noch ans Wandern an der Küste Portugals und zum Segeln, „das seit einigen Jahren meine neue Leidenschaft ist", erzählt sie. Das Skippertraining an der Adria ist der nächste Schritt.

Wohin es sie danach beruflich verschlägt, weiß Gott-Karlbauer noch nicht. Vielleicht auch einmal an einen Ort, wo sie nicht die erste und einzige Frau ist.

Die erste Reihe

Wenn es etwas gibt, das ich meinem jüngeren Ich rückblickend gerne mitgeben würde, dann wäre das nur ein kurzer Satz: Trau dich!

Dieses „Trau dich, sei selbstbewusst und trau dir zu, dich in die erste Reihe zu stellen", das würde ich am liebsten bereits der Schülerin, die ich einmal war, laut zurufen. Ich sehe mich dabei selbst, wie ich als Teenagerin von meinem Elternhaus den Hügel hinunter zum Bahnhof laufe, um den Zug zur Schule zu erwischen. Im Winter, wenn unser Städtchen oft ganz zugeschneit war, blieb mir nichts anderes übrig, als auf dem Hosenboden den Hügel hinunterzurutschen. Sonst hätte ich den Zug verpasst.

Es mag eigenartig klingen, aber dieser Mut, sich bewusst ganz nach vorne zu stellen, zum Beispiel eine öffentliche Rede zu halten, ist etwas, das mir selbst lange Zeit fehlte. Früher habe ich immer gesagt: „Ich möchte nicht in der ersten Reihe stehen. Aber in der zweiten Reihe möchte ich sehr wohl Verantwortung übernehmen und Entscheidungen treffen." So habe ich es auch viele Jahre gehalten.

Eigentlich hatte ich gute Voraussetzungen, ein gesundes Selbstbewusstsein zu entwickeln. Ich war sicherlich kein verschüchtertes Kind und auch als Heranwachsende durchaus streitbar. Zu mir hat auch niemand je gesagt: „Du sagst jetzt nichts." Ich bin in einer Familie aufgewachsen, die mich immer darin unterstützt hat, meinen Weg zu gehen. Aber trotzdem war da diese Unsicherheit, die andere offensichtlich nicht kannten. Deshalb beschäftigt mich die Frage, wie man Frauen ermutigt, den Schritt nach vorne zu wagen, so sehr.

Ein Netzwerk, das genau dies tut, sind die Bürgermeisterinnen. Sie kamen im Frühjahr 2022, im Rahmen der Bundestagung der österreichischen Bürgermeisterinnen, im Parlament und in der Präsidentschaftskanzlei zusammen. Damals übernahm ich erstmals die Schirmherrschaft über diese Veranstaltung, und dies gemeinsam mit der damaligen Frauenministerin Susanne Raab von der ÖVP. Diese Bürgermeisterinnen, egal zu welcher Partei sie sich zählen, sind für mich Pionierinnen. Sie alle haben den vielbeschworenen Schritt in die erste Reihe gewagt.

Die erste Frau in Österreich, die sich das zutraute, war Kreszentia „Zenzi" Hölzl. Sie wurde im Jahr 1948 Bürgermeisterin im niederösterreichischen Gloggnitz und somit die erste Frau in diesem Amt. 1893 geboren, wuchs Hölzl in Armut auf. Mit nur zehn Jahren war sie Vollwaise, mit 13 Jahren musste sie bereits arbeiten, erst bei einem Bauern, dann in einer Schraubenfabrik. Die Trafik, die sie später gemeinsam mit ihrem Mann betrieb, der als Kriegsinvalide aus dem Ersten Weltkrieg zurückgekehrt war, diente während des Austrofaschismus als geheimer Treffpunkt für Mitglieder der Sozialdemokratie und der Gewerkschaften. Denn sowohl SPÖ und Kommunisten als auch freie Gewerkschaften waren unter dem austrofaschistischen Kanzler Engelbert Dollfuß und im Nationalsozialismus verboten. Hölzl war eng mit dem sozialdemokratischen Politiker und späteren Bundeskanzler Karl Renner befreundet, der die NS-Zeit unter Hausarrest in seiner Villa in Gloggnitz verbrachte. 1945 wurde Hölzl Abgeordnete des Niederösterreichischen Landtags, 1948 die erste Bürgermeisterin des Landes. Zu ihrem Amtsantritt sagte die politische Pionierin, die heute leider fast vergessen ist: „Jeder weiß, dass sich die Bevölkerung nicht leicht dazu entschließt, das Bürgermeisteramt einer Frau zu übertragen. Ich habe mich daher nicht leicht entschlossen, meine Wahl zu bestätigen, und ich gestehe offen, dass ich dieses Amt etwas ängstlich angetreten habe. ‚Du musst bestehen!', sagte ich mir. ‚Du musst die Zweifel zerstreuen, dass Frauen für ein solches Amt nicht geeignet seien!' Und so habe ich mich bei meiner Arbeit immer von dem Grundsatz leiten lassen, nicht allein für die klaglose Führung der Gemeindegeschäfte zu sorgen, sondern alles daranzusetzen, dass die Leistungen der Frauen öffentlich anerkannt werden."[5]

Was Hölzl vor fast 80 Jahren sagte, gilt zum Teil auch heute. Noch immer sind die Bürgermeisterinnen in Österreich keine Selbstverständlichkeit. Das zeigt der Gleichstellungsindex für Kommunalpolitik vom Dezember 2023[6]. In Vorarlberg gibt es derzeit nur sechs Prozent Bürgermeisterinnen, in Niederösterreich 15 Prozent. Im österreichweiten Durchschnitt sind die Bürgermeisterinnen- und Bürgermeisterposten zu 89 Prozent männlich vergeben, zu elf Prozent weiblich. Lediglich in Wien ist das Verhältnis, wenn man die Bezirksebene mit einbezieht, etwas besser. Hier wird etwa ein Viertel der Bezirke von einer Bezirksvorsteherin geleitet.

Ähnlich verhält es sich auf der Gemeinderatsebene. In nur 26 Gemeinden und fünf Wiener Gemeindebezirken liegt der Frauenanteil im Gemeinderat bei 50 Prozent oder darüber. In 21 Gemeinden saß 2023 keine einzige Frau im Gemeinderat.

In der zweiten Reihe sieht es auch nicht viel besser aus: 68 Prozent der österreichischen Gemeinden haben einen Mann als Bürgermeister und einen weiteren Mann als dessen Stellvertreter. In 22 Prozent der Gemeinden ist der Mann der Bürgermeister und die Frau seine Stellvertreterin. Eine Frau an der Spitze und einen Mann als ihren Vize gibt es in nur zehn Prozent aller Gemeinden. Eine weibliche Doppelspitze ist eine Rarität. Das gibt es derzeit in nur 14 von über 2.000 Gemeinden, also in 0,7 Prozent aller Fälle.

Die Politologin Kathrin Stainer-Hämmerle untersucht regelmäßig die kommunale Ebene in der Politik. Laut den 2022 von ihr veröffentlichten Daten[7], die auf Befragungen von Bürgermeisterinnen basieren, schreckt Frauen vor allem die schwierige Vereinbarkeit mit der Familie ab, gefolgt von der männlich geprägten Parteikultur. Weitere Gründe sind laut Angaben der Bürgermeisterinnen das mangelnde Selbstvertrauen von Frauen sowie ein traditionelles Frauenbild in der Bevölkerung. Eine Zahl fand ich ganz besonders aussagekräftig. Auf die Frage, wie sie sich mit ihrer Partnerin oder ihrem Partner die

Haus- und Familienarbeit aufteilen, erklärten 36 Prozent der Bürgermeisterinnen, sie schupfen den Haushalt und Kinder neben ihrer politischen Tätigkeit großteils allein. Bei den Bürgermeistern war es hingegen nur ein Prozent. Dafür bekommen 60 Prozent der Bürgermeister „den Rücken von ihren Frauen freigehalten", wie man umgangssprachlich sagt.

Vor einigen Jahren hatte ich die Idee, die vielen engagierten Bürgermeisterinnen in Österreich sichtbarer zu machen.

Im Dezember 2019 luden der Bundespräsident und ich sie in die Präsidentschaftskanzlei ein. Eine Premiere! 100 Bürgermeisterinnen aus ganz Österreich kamen unserer Einladung nach. „Frauen, die einander unterstützen, sind Frauen, die sich durchsetzen und gemeinsam gläserne Decken durchbrechen", sagte ich damals in meiner Begrüßungsrede.

Es war eine motivierende und lebendige Veranstaltung, die in weiterer Folge dazu führte, dass die österreichischen Bürgermeisterinnen mir sagten, sie würden sich freuen, wenn wir unseren Kontakt intensivieren könnten. So kam es, dass ich die Schirmherrschaft der Bürgermeisterinnenkonferenz übernahm.

Weil dieses Netzwerk von Gemeindevorsteherinnen sich von Österreich aus auch auf Deutschland und die Schweiz ausdehnte, baten mich die deutschen Bürgermeisterinnen um einen Gefallen. Sie wussten, dass ich mit Elke Büdenbender, der deutschen First Lady, befreundet bin. Deshalb ersuchten sie mich, zu erfragen, ob sie bereit wäre, die Schirmherrschaft in Deutschland zu übernehmen. Das tat Elke natürlich gerne. Uns beiden ist dieses Projekt wichtig, weil immer noch Mut und durchaus auch ein gewisser Widerstandsgeist dazugehört, wenn Frauen diesen Schritt in die erste Reihe wagen.

Elke Büdenbender und ich schlüpften ungefähr gleichzeitig in unsere neuen öffentlichen Rollen. Bei unserem ersten offiziellen Staatsbesuch in Berlin im März 2017 wurden mein Mann und ich noch vom damaligen deutschen Präsidenten Joachim Gauck empfangen. Es war aber schon entschieden, dass Frank-Walter Steinmeier sein Nachfolger sein würde. Deshalb hatten wir einen informellen Kennenlerntermin mit dem künftigen deutschen Präsidenten und seiner Frau Elke vereinbart. Aus diesem ersten Kennenlernen entstand über die Jahre eine echte Freundschaft. Mich beeindruckt Elkes Biografie. Ihr Vater war Tischler, die Mutter Hauswirtschaftslehrerin. Sie war die erste in ihrer Familie, die ein Universitätsstudium absolvierte. Als Jugendliche schloss sie eine Lehre als Industriekauffrau ab. Danach studierte sie im zweiten Bildungsweg Rechtswissenschaften und machte als Richterin Karriere. Sie engagiert sich sehr stark für Bildungsgerechtigkeit, ein Thema, das mir auch sehr am Herzen liegt. Elke Büdenbender steht mitten im Leben und hat auch nicht vergessen, woher sie kommt.

Sanfte Rebellionen

Ich selbst war nie die große Rebellin, eher der Typus brave Schülerin. Wobei so manche Klosterschwester, die mich in meinen Jugendjahren erlebte, das wohl anders sehen würde. Mit elf Jahren wechselte ich von der Volksschule in unserer Gemeinde Peuerbach ins wirtschaftskundliche Realgymnasium nach Wels. Dort verbrachte ich die ersten Jahre im Internat, das damals von den Schulschwestern geleitet wurde. Es war, wie damals noch üblich, eine reine Mädchenschule. Es gab sehr nette, engagierte Schwestern, aber leider auch andere. Meine Eltern hätten mich nicht ins Internat geschickt, aber es war die einzige Chance für mich, ins Gymnasium zu gehen. Das war damals mein eigener, fester Wunsch. Ich war wohl verblendet, hatte eine sehr romantische Vorstellung, geprägt durch die Bücher, die ich als Volksschülerin gelesen habe, Internatsgeschichten wie „Hanni und Nanni" der Britin Enid Blyton. Die Zwillingsschwestern Hanni und Nanni ziehen mit zwölf Jahren in das englische Mädcheninternat Lindenhof ein und erleben dort die tollsten Abenteuer. Rückblickend sind es durchaus stereotype Erzählungen, aber bei mir hat diese Lektüre damals eine große Sehnsucht geweckt. Genau das wollte ich auch unbedingt erleben. Es ist eines von vielen Beispielen, wie sehr uns Geschichten prägen.

Im Internat war es natürlich ganz anders als in den Mädchenbüchern. Ich hatte oft Heimweh. Jeden Samstag durfte ich nach Hause. Sonntagabend musste ich wieder zurück im Internat sein. Mehr als einmal weinten meine Mutter und ich am Sonntagnachmittag bitterlich, weil wir wussten, dass ich gleich wieder ins Internat fahren musste, und wir einander so sehr vermissten. Meine Mutter packte mir stets Süßigkeiten für die ganze Woche ein. War die Süßigkeitenbox halb leer, wusste ich: Jetzt ist es nicht mehr so lange, bis ich endlich wieder nach Hause darf.

Wir Internatsmädchen waren eigentlich sehr brav. Wir feierten keine Mitternachtspartys wie Hanni und Nanni und stellten auch sonst nichts an.

In der 5. Klasse bekamen wir eine neue Erzieherin. Ich kann mich noch heute an ihren Namen erinnern, so sehr hat sie sich in mein Gedächtnis eingeprägt. Ihre Strenge und Härte habe ich immer als willkürlich und ungerecht empfunden. Eine ihrer ersten „Erziehungsmaßnahmen": Sie hat uns Freundinnen, die wir ein Zimmer teilten, absichtlich getrennt. So wurde mir ein Ort der Geborgenheit genommen. Ich habe daraufhin zu meinen Eltern gesagt: „Ich will da raus. Ich halte das nicht mehr aus."

Das war ein absolutes No-Go. Man durfte höchstens nach den großen Ferien nicht mehr ins Internat zurückkehren. Aber einfach während des Schuljahrs aus dem Internat auszuscheiden, war undenkbar. Die Schule wollte verhindern, dass ich mich durchsetzte. Es hieß, ich sei ein schlechtes Vorbild für die anderen Schülerinnen. Mein Vater wurde sogar zum Direktor vorgeladen. Damals nahm er meine Hand und versicherte mir: „Wenn du das unbedingt möchtest, dann ziehen wir es gemeinsam durch." Im Gespräch mit dem Schuldirektor setzte er durch, dass ich mitten im Schuljahr aus dem Internat austreten, aber weiter die Schule besuchen durfte. So erfuhr ich, welche Bedeutung es hat, wenn Eltern in schwierigen Situationen hinter einem stehen.

Für mich wurde die weitere Schulzeit nicht unbedingt leichter. Ja, ich war froh, wieder zu Hause leben zu dürfen. Dafür nahm ich auch in Kauf, dass ich Montag bis Samstag um 6:05 Uhr im Zug sitzen musste, um rechtzeitig in die Schule zu kommen.

In der 5. Klasse das Internat zu verlassen, war meine rückblickend sehr harmlose Form der Rebellion. Aber ich wusste auch, dass die Schule großes Interesse daran hatte, mich loszuwerden. Ich galt plötzlich als die Rädelsführerin, hatte sogar eine Zeit lang Hausverbot im Internat, wo meine Freundinnen waren, weil es hieß, ich sei ein schlechter Einfluss. Das habe ich als extrem unfair empfunden. Später habe ich mir überlegt, welche Strategien ich damals angewandt habe, um in dieser für mich doch sehr belastenden Situation trotzdem zu bestehen. Mein Weg war, einfach die ganze Oberstufe hindurch dagegenzuhalten und nicht auszuweichen. Ich achtete darauf, so gute Noten zu schreiben, dass ich der Schule jede Möglichkeit verwehrte, mich loszuwerden. Das war meine Art der Rebellion gegen diese verkrustete, konservative Schule. Als mir dann der Schuldirektor, der mich jahrelang am liebsten hinausmobben wollte, zur gut bestandenen Matura gratulieren musste, war das durchaus eine Genugtuung für mich.

Warum habe ich nicht einfach die Schule gewechselt? Weil ich mich trotz dieser Schwierigkeiten in meiner Klasse wohlfühlte. Wir hatten eine sehr gute Klassengemeinschaft und vor allem habe ich in diesen Jahren Sabine kennengelernt, die heute, 50 Jahre später, immer noch meine beste Freundin ist.

Freundschaften zeichnen sich für mich durch Vertrauen, Verlässlichkeit und Kontinuität aus. Einander zuzuhören und nichts beweisen zu müssen, sind unschätzbare Qualitäten, gerade wenn man unsicher ist, sich mit Entscheidungen quält, sich mit unliebsamer Konkurrenz oder anderen Irritationen auseinandersetzen muss. Meine Freunde und Freundinnen sind wichtige Ratgeber und Ratgeberinnen und haben mir schon oft in schwierig empfundenen Situationen neue Optionen aufgezeigt. Sie haben mich auch manchmal ermutigt, neue Wege einzuschlagen, die ich mir sonst vielleicht nicht zugetraut hätte. Und wenn mir gerade das passende Kochrezept nicht einfällt, weiß ich, welche Telefonnummer zu wählen ist.

Das Gleiche gilt für Ideen und Inputs zu geplanten Veranstaltungen, Initiativen, das Auffüllen einer Erinnerungslücke oder was auch immer mich gerade beschäftigt und umtreibt.

Apropos Telefon: Der Klassiker sind ja bekanntlich die Endlostelefonate mit der besten Freundin. Davon kann unsere ehemalige Nachbarschaft in Peuerbach ein Lied singen. Während meiner Schulzeit gab es noch sogenannte „Vierteltelefone". An einem Telefonanschluss hingen vier Haushalte – heute ist das nicht mehr vorstellbar. Da kam es schon vor, dass eine Nachbarin vorbeikam, um nachzufragen, wer denn da so lange den Anschluss blockierte.

Man teilt – wie es so treffend heißt – Freud und Leid. Und die Kommunikation mit guten Freunden und Freundinnen bleibt immer anschlussfähig, auch wenn man einander längere Zeit nicht gesehen oder gesprochen hat. Da gibt es kein Fremdeln. Darauf ist Verlass!

Zum guten Leben und damit auch zu einer guten Freundschaft gehören für mich unbedingt gemeinsames Lachen und Feiern – einfach das Leben genießen! Dazu nutzen wir gerne und ausgiebig jede Gelegenheit, und wenn sich gerade keine bietet, dann erfinden wir eine.

Die Grünen und die Frauen

Nach der Matura zog ich sofort nach Wien. Für mich war schon während meiner Schulzeit klar, dass ich später hier leben möchte. Hier lebten meine Tante, mein Onkel und meine Cousinen und ich fühlte mich im Studentenheim wohl. Ich habe Politikwissenschaft inskribiert. Gesellschaftspolitische Zusammenhänge waren schon damals etwas, das mich sehr interessierte, ich las viele Zeitungen und verfolgte die Nachrichten.

Damals musste man zum Hauptfach noch ein Zweitfach belegen. Meinen Interessen und meiner schon damals feministischen Grundeinstellung entsprechend wählte ich zur Politikwissenschaft eine Fächerkombination aus Geschichte, Entwicklungspolitik, Soziologie und Frauenforschung.

In den Vorlesungen und Seminaren an der Universität meldete ich mich lange Zeit kaum zu Wort. Für mich war es damals ein äußerst unangenehmes Gefühl, die Hand in die Höhe zu heben und im Lehrsaal vor den anderen Studentinnen und Studenten zu sprechen. Gleichzeitig erinnere ich mich noch an eine Art stummen Ärger im Bauch, Ärger darüber, dass ich nicht einfach aufstand und laut und klar meine Position darlegte. Ich beneidete Frauen, die sich selbstbewusst zu Wort meldeten. Und ich beobachtete oft, wie sich noch junge Männer ganz selbstverständlich das Wort nahmen – selbst wenn sie nicht wirklich etwas Kluges zu sagen hatten.

Im Dezember 1989, etwa ein Jahr nachdem ich mein Studium beendet hatte, begann ich bei den Grünen zu arbeiten, genauer gesagt im Grünen Parlamentsklub. Zuvor hatte ich mich für meine Diplomarbeit mit dem etwas sperrigen Titel „Die Geschichte der ‚Österreichische Stickstoffwerke AG' unter dem besonderen Aspekt ihrer Verflechtung mit den österreichischen Raiffeisengenossenschaften" intensiv mit der damaligen verstaatlichten Industrie in Österreich beschäftigt. Über eine Freundin hatte ich erfahren, dass der damalige grüne Nationalratsabgeordnete und Aufdecker Peter Pilz Mitarbeiterinnen und Mitarbeiter für den Noricum-Ausschuss suchte.

Der Noricum-Skandal war ein massiver politischer Einschnitt in der Geschichte der Republik. Im Jahr 1985 wurde bekannt, dass die Firma Noricum, ein Tochterunternehmen des zu diesem Zeitpunkt noch staatlichen Stahlkonzerns Voest, während des Golfkriegs an beide kriegführenden Staaten Iran und Irak heimlich Kriegsmaterial in Form von Kanonen geliefert hatte – ein klarer Fall von Neutralitätsgefährdung und Bruch des österreichischen Kriegsmaterialgesetzes. Die Grünen waren damals noch frisch im Nationalrat. Bei der Nationalratswahl im November 1986 war ihnen erstmals der Einzug ins Parlament gelungen. Im September 1989 konnten sie die Einsetzung des Noricum-Untersuchungsausschusses durchsetzen, gegen die Stimmen der Kanzlerpartei SPÖ.

Es war überraschend für mich, mitzuerleben, wie das Parlament funktioniert und wie Politikerinnen und Politiker miteinander im

Parlament umgehen. Wobei Politikerinnen damals noch sehr rar gesät waren. Im Noricum-Ausschuss saßen in der ersten Reihe ausschließlich Männer. Im Ausschuss waren die Vertreter der einzelnen Fraktionen streng per Sie und haben einander auf das Heftigste kritisiert und sich nichts geschenkt. Zwischenmenschlich war die Stimmung aber durchaus amikal und in der Zusammenarbeit konstruktiv.

Als Referentin des Grünen Klubs war ich jahrelang auch dafür zuständig, gemeinsam mit den Mitarbeiterinnen und Mitarbeitern der anderen Parlamentsklubs im Vorfeld von Ausschusssitzungen die Tagesordnung abzustimmen. Schon damals und bis heute war und ist das Parlament ein Ort, an dem konstruktiv gearbeitet wird, und das über Parteigrenzen hinweg. Viele Gesetzesbeschlüsse trifft der Nationalrat einstimmig. Deshalb finde ich es schade, dass oft der Streit in der Politik, auch unterstützt durch die entsprechende Fokussierung in der Berichterstattung, von den Menschen viel mehr wahrgenommen wird als das positive Bemühen um gemeinsame Lösungen. Demokratie lebt von konstruktivem Diskurs und Kompromiss zwischen den politischen Akteurinnen und Akteuren. Diesen Werten und Einstellungen sollten wir mit höherer Wertschätzung begegnen. Damit könnten auch wieder mehr Menschen für die Politik begeistert werden.

Dass man einander durchaus hart kritisieren kann, aber trotzdem über Parteigrenzen hinaus auch den Menschen im politischen Gegenüber sieht, das fand ich schon damals sehr sympathisch.

Ich blieb viele Jahre im Grünen Parlamentsklub. Nach einigen Jahren als Referentin wurde ich Geschäftsführerin des Grünen Klubs und war damit auch Personalchefin.

Eine Erfahrung, die ich bereits an der Universität gemacht habe und die sich während des Berufslebens fortsetzte, war die unglaubliche Dominanz in Auftreten und Sprache, die manche Männer an den Tag legten. Ich weiß nicht, wie oft ich beobachtet habe, wie sich in Diskussionen der Reihe nach Männer und Frauen zu Wort melden. Und ganz am Ende leitet ein Mann seinen Beitrag ein mit den

Worten: „Ist ja alles gut und schön, aber jetzt kommen wir einmal zum Wesentlichen." Damit wischt er alles weg, was vor ihm gesagt wurde, und überhöht gleichzeitig seinen eigenen Redebeitrag. Später habe ich mich bei den Grünen intensiv mit Sprache als Machtinstrument auseinandergesetzt, um solche Diskursstrategien besser erkennen und ihnen etwas entgegensetzen zu können.

Formal waren Männer und Frauen bei den Grünen immer gleichberechtigt. Die Grünen waren die erste Partei, die das Reißverschlussprinzip einführte. Nicht nur musste stets auf einen männlichen Kandidaten eine Frau folgen. In manchen Landesorganisationen ist sogar festgeschrieben, dass dann, wenn ein Mann an erster Stelle steht, die zwei darauf folgenden Plätze weiblich besetzt werden müssen. Mit Freda Meissner-Blau hatten die Grünen bereits bei ihrer Gründung eine Frau als Vorsitzende. Im Jahr 1986 war das für die anderen Parteien noch undenkbar. Sämtliche Funktionen wurden und werden bei den Grünen paritätisch zwischen Männern und Frauen aufgeteilt.

Allerdings ist das Patriarchat auch in der Welt der Grünen nicht abgeschafft. Obwohl die Grünen formal eine Partei waren und sind, die ganz besonders auf Geschlechtergerechtigkeit achtet, habe ich auch hier erlebt, dass manche Männer bei den Grünen sehr geschickt darin waren, sich Machtpositionen zu sichern. Die Grünen waren damals Vorreiter, noch heute hat keine andere Partei Gleichberechtigung so klar in den Statuten verankert. Aber es zeigte sich, dass es nicht ausreicht, nur formale Schritte wie die Quotenregelung zu setzen. Diese sind eine wichtige und vor allem wirksame Voraussetzung. Es braucht aber auch die gezielte Stärkung von Frauen in Unternehmen, in der Wissenschaft, in der Politik.

Ich habe aus vielen Gesprächen mit Unternehmensvertreterinnen den Eindruck gewonnen, dass sich manche Frauen scheuen, Leitungspositionen zu übernehmen. Viele Frauen haben das Gefühl, sich verbiegen und männliche Verhaltensmuster annehmen zu müssen, um reüssieren zu können. Viele sagen sich dann: Das tue ich mir nicht an. Daher ist es meiner Ansicht nach besonders wichtig, männlich geprägte Unternehmenskulturen, Führungsstile, Entscheidungshierarchien und Organisationsstrukturen zu hinterfragen.

Dafür braucht es genauso die Männer, auch sie würden davon profitieren.

Insgesamt sind ja beide, Männer wie Frauen, dafür verantwortlich, für eine gleichberechtigtere Gesellschaft zu sorgen.

Sonja Ottenbacher

und

Maria Knauder

zwei Polit-Pionierinnen vom Land

Sonja Ottenbacher und Maria Knauder

Als Sonja Ottenbacher 2004 zur Bürgermeisterin der Gemeinde Stuhlfelden im Salzburger Pinzgau gewählt wurde, war sie ziemlich allein auf weiter Flur. „Damals gab es außer mir nur zwei Bürgermeisterinnen in ganz Salzburg", erinnert sich die ÖVP-Politikerin. Drei Jahre später hatte sie eine Idee: „Ich dachte mir, wir Bürgermeisterinnen sind so eine kleine Spezies, es wäre doch schön, wenn wir einander einmal kennenlernen würden." Damals waren gerade einmal 78 der insgesamt mehr als 2.000 Bürgermeisterposten weiblich besetzt. „Viele Bürgermeisterinnen sind damals zu uns nach Stuhlfelden gekommen", erinnert sich Ottenbacher. So entstand ein Netzwerk von Bürgermeisterinnen, das bis heute besteht und stetig wächst.

Dabei hatte die gelernte Krankenpflegerin, die viele Jahre in der Psychiatrie und später als Psychotherapeutin arbeitete, gar nicht den Plan, Politikerin zu werden. Es sei eine durchaus spontane Entscheidung gewesen, auf Gemeindeebene für die ÖVP zu kandidieren. „Und dann wurde ich gleich einmal Vizebürgermeisterin." Als ihr Vorgänger fünf Jahre später sein Amt niederlegte, „gewann ich die Wahl mit über 80 Prozent". 20 Jahre bleibt sie Bürgermeisterin ihrer Gemeinde mit etwa 1.600 Einwohnerinnen und Einwohnern. Anfangs sei sie bei Veranstaltungen noch gefragt worden, wann denn der Bürgermeister komme. „Für manche Leute war gar nicht vorstellbar, dass eine Gemeinde eine Bürgermeisterin hat", sagt sie. Nun sei in ihrer Gemeinde eine Generation groß geworden, „die kennen nur eine Bürgermeisterin, für die ist das selbstverständlich". Als Bürgermeisterin habe sie ihre Aufgabe darin gesehen, den Zusammenhalt in der Gemeinde zu stärken. „Das wichtigste Rezept für das Gelingen in der Gemeindepolitik ist die gute und wertschätzende Zusammenarbeit über die Parteigrenzen und Ortsgrenzen hinweg", sagt die Langzeitbürgermeisterin. Bis heute hat die kleine

Gemeinde nicht nur lokale Nahversorger, eine Bäckerei, eine Fleischerei und mehrere Gastronomiebetriebe, „wir haben auch ein reges Vereinsleben, eine gute Zusammenarbeit mit der Pfarre, eine tolle Infrastruktur und sogar noch einen eigenen Skilift, bei dem viele Ehrenamtliche mithelfen".

Am meisten zu schaffen machten ihr als Bürgermeisterin der Umgang mit Katastrophen wie Hochwasser oder Murenabgänge oder auch persönliche Tragödien in den Familien ihrer Gemeinde. „Mit solch schlimmen Schicksalsschlägen umzugehen kann man nicht lernen", sagt sie. „Da kann man nur schauen, dass man einfach für die Leute da ist."

Neben ihrer Tätigkeit in der Gemeinde baute sie auch das Netzwerk der Bürgermeisterinnen aus, animierte gezielt Frauen, politisch aktiv zu werden. „In der Politik braucht es Personen, die gestalten wollen – und man muss die Menschen mögen", sagt Ottenbacher.

Die Bemühungen trugen Früchte. Seit 2023 gibt es in Österreich endlich mehr Frauen als Bürgermeisterinnen als Bürgermeister, die mit Vornamen Franz oder Hans heißen. Seit Ottenbacher ihr Bürgermeisterinnen-Netzwerk startete, stieg die Zahl der Bürgermeisterinnen von knapp 80 auf zuletzt 230. Nur eine fehlt: Bürgermeisterin Ottenbacher legte 2024 nach 20 Jahren ihr Amt zurück. Man solle aufhören, wenn es am schönsten ist, meint die heute 64-Jährige. „Aber die jungen Leute bei uns in der Gemeinde mussten sich erst daran gewöhnen, dass plötzlich ein Mann Bürgermeister ist."

Auch Maria Knauder war als Bürgermeisterin die erste in ihrem Ort. Nur wenige Wochen vor der Gemeinderatswahl 2009 fragte sie der Bürgermeister, ob sie sich vorstellen könne, bei der Gemeinderatswahl zu kandidieren. „Das war sicherlich auch, weil man Frauen gesucht hat für die Quote", sagt die Kärntnerin, die damals noch als Intensivpflegerin in einem Krankenhaus arbeitete. Wegen ihrer zahlreichen Aktivitäten, etwa im Blasmusikverein von St. Andrä im Lavanttal, konnte sie auf ein breites Netzwerk in der Gemeinde zurückgreifen.

Allerdings klappte es mit der Politik nicht sofort. Ihre Partei, die SPÖ, verliert damals die Wahl. Das Polit-Virus packt Knauder trotzdem. Sie macht zahlreiche Fortbildungen, die für Frauen in der Kommunalpolitik angeboten werden, baut nebenbei und ehrenamtlich in St. Andrä eine „Kinderfreunde"-Gruppe auf. Dann lässt sie sich in ihrem Brotjob als Intensivpflegerin karenzieren und wird Bezirksgeschäftsführerin der SPÖ in den Bezirken Wolfsberg und Völkermarkt. „So lernte ich die Politik gleich einmal von innen kennen", sagt sie.

Nach der Wahl 2015 wird sie schließlich Stadträtin in St. Andrä. Drei Jahre später ist sie als erste Frau in ihrer Stadtgemeinde Vizebürgermeisterin, zwei Jahre danach Bürgermeisterin. „Als Frau muss man doppelt und dreifach so viel leisten, damit deine Leistung anerkannt wird", sagt Knauder. Gerade in einer ländlichen, patriarchal geprägten Umgebung sei es für Frauen oftmals schwierig.

Trotzdem ist für Knauder das Bürgermeisteramt „der tollste Job der Welt". Denn sie arbeite einfach gerne mit Menschen, und die Möglichkeit, als Bürgermeisterin zu gestalten, etwa beim neu eröffneten Kindergarten in ihrer Gemeinde, sei eine tolle Sache. „Da teilen wir die Kinder nicht mehr in fixe Gruppen ein." Auf einer digitalen Wand tippen die Kinder den Bereich an, in dem sie sich bewegen wollen. „So können sie jeden Tag selbst entscheiden, ob sie heute Lust auf musisch-kreative Tätigkeiten haben oder auf Wissenschaft und Experimente oder einfach einmal eine Jause essen."

Für sie selbst bedeutet der Job der Bürgermeisterin, viele tausend Kilometer pro Jahr abzuspulen. St. Andra besteht aus 64 Ortschaften, die sich auf 117 Hektar Flache verteilen. Die Gemeinde zählt 75 Vereine und neun Feuerwehrstationen. Weil die Zahl der Einwohnerinnen und Einwohner von St. Andrä bei der letzten Zählung unter 10.000 sank, wurde ihr Bürgermeisterinnenjob von einer hauptberuflichen zu einer nebenberuflichen Tätigkeit herabgestuft. „Wir sind aber die achtgrößte Gemeinde in Kärnten, nebenbei lässt sich dieser Job nicht ordentlich erfüllen", sagt Knauder. „Ich verdiene jetzt weniger als früher im Krankenhaus, aber arbeite gleich viele Stunden." Es widerspreche ihrem Gerechtigkeitssinn, dass die

Bürgermeisterinnen und Bürgermeister innerhalb Österreichs nicht gleich behandelt werden. „Da bräuchte es eine bundesweit einheitliche Regelung", sagt Knauder. Eine 60-Stunden-Woche sei für Bürgermeisterinnen keine Seltenheit.

Noch etwas unterscheide die beiden Jobs: „Als Bürgermeisterin ist der Stresspegel höher. Im Krankenhaus hatte ich intensive Zwölf-Stunden-Dienste. Aber wenn ich aus dem Krankenhaus raus bin, war die Arbeit vorbei. Als Bürgermeisterin ist man hingegen 24 Stunden im Dienst. Wenn ich jetzt am Abend mit meinem Mann etwas trinken gehe und jemand erkennt mich, kann es schnell einmal sein, dass ich wegen eines Kanaldeckels, der locker ist und scheppert, angesprochen werde."

Das störe sie aber nicht. Wirklich unangenehm sei etwas anderes: „Die bösartigen Kommentare in sozialen Medien. Unter dem Schutz der Anonymität werden wir zum Teil auf das Übelste befleppelt." Das sei wohl auch ein Grund, warum Frauen zögern, politisch aktiv zu werden. Einen anderen Grund sieht Bürgermeisterin Knauder darin, dass Frauen bis heute die Hauptlast bei der Hausarbeit und der Kinderbetreuung schultern. „Viele Frauen arbeiten Teilzeit, weil sie sonst nicht alles unter einen Hut bringen können." Eine gute Kinderbetreuung und Ganztagsschulen mit warmem Mittagessen und Lernstunde würden nicht nur Kindern guttun, sondern auch Frauen entlasten. „Dann hätten vielleicht mehr Frauen Zeit und Lust auf Politik."

30. Mai 2019: Der Bundespräsident präsentiert die anerkannte Juristin Brigitte Bierlein als Österreichs erste Bundeskanzlerin der Öffentlichkeit

Am 14. Juni 2024 mussten wir uns leider bei einem Requiem im Stephansdom von der viel zu früh verstorbenen Brigitte Bierlein verabschieden

Gemeinsam mit Angelika Ritter-Grepl beim Benefiz-Fastensuppen-Essen im Februar 2024

Die isländische First Lady Eliza Reid (Mitte) und die deutsche First Lady Elke Büdenbender (rechts) reisten zum Internationalen Frauentag 2024 nach Wien

Mein Mann und ich begrüßen die Besucherinnen und Besucher anlässlich des Tages der offenen Tür am Nationalfeiertag 2024 in der Hofburg

Aufstehen

Anfang 2018 fragte die Caritas bei mir an, ob ich mir vorstellen könnte, gemeinsam Frauen, die an der Armutsschwelle leben oder bereits obdachlos sind, zu unterstützen. Bereits meine Vorgängerin Margit Fischer hat sich sehr im Kampf gegen Armut und soziale Ausgrenzung im Rahmen der Volkshilfe engagiert. Mir war dieses Thema ebenfalls schon immer ein Anliegen. So entstand im Frühjahr 2018 #wirtun, eine Kampagne für von Armut und Obdachlosigkeit betroffene Frauen. Es war das erste Mal, dass ich mich als Frau des Bundespräsidenten in die Öffentlichkeit stellte.

Damals war die #metoo-Debatte groß in allen Medien. Im Oktober 2017 war öffentlich geworden, dass der berühmte Hollywood-Produzent Harvey Weinstein über Jahrzehnte hindurch Schauspielerinnen sexuell belästigt, genötigt und sogar vergewaltigt haben soll.

Die #metoo-Debatte brachte eine Vielzahl weiterer Skandale, Übergriffe und Grenzüberschreitungen von Männern, meistens in hohen Positionen, an die Oberfläche. Aber eine Gruppe, die massiv Männergewalt erlebt, kam in diesen Diskussionen nicht vor: Frauen, die von Armut und Obdachlosigkeit betroffen sind und vielleicht auch deswegen keine Lobby haben. Um darauf nicht nur aufmerksam zu machen, sondern auch etwas zu verändern, starteten wir die #wirtun-Kampagne.

Die Kampagne zielt darauf ab, Frauen in Not zu unterstützen. Aber nicht, indem Almosen verteilt werden, sondern indem diese Frauen Hilfe zur Selbsthilfe erhalten.

Für Initiativen, die ich unterstütze oder an denen ich mich beteilige, sind mir einige Kriterien wichtig: Die Projekte sollen strukturell etwas verändern und nicht bloß Einmaleffekte zeigen. Für #wirtun habe ich zahlreiche Hilfseinrichtungen für Mädchen und Frauen besucht. Ich war in Notquartieren für Frauen zu Gast, in Mutter-Kind-Häusern und in Sozialberatungsstellen. Gemeinsam haben wir einen Hilfsfonds für Frauen in akuten Krisensituationen geschaffen. Ganz zentral dabei ist es, dass Mütter mit ihren Kindern ein Dach über dem Kopf bekommen und Frauen, die in prekären Lebenssituationen und von Gewalt geprägten Beziehungen leben, dabei unterstützt werden, einen Weg hinaus in ein unabhängiges, eigenständiges Leben zu finden. Bereits im ersten Jahr konnten wir gemeinsam mit einer Vielzahl von Unterstützerinnen wie der Schauspielerin Adele Neuhauser, der Moderatorin Barbara Stöckl und vielen anderen engagierten Frauen mehr als 300.000 Euro an Spenden für Frauen-Hilfseinrichtungen lukrieren.

Frauen und Armut

Dieses Geld wird dringend gebraucht. 674.000 Frauen in Österreich galten 2023 laut Statistik Austria als armuts- und ausgrenzungsgefährdet.[8]

Oftmals sind es Krisen, die Menschen aus der Bahn werfen, sei es der Tod eines geliebten Menschen, eine Trennung, ein Jobverlust, gesundheitliche Probleme oder Gewalterfahrung. In extremen Fällen führen diese anhaltenden Krisen zu Wohnungsverlust, der brutalsten Form von Armut. Obdachlosigkeit ist europaweit ein großes Problem, auf unserem Kontinent haben laut Schätzungen etwa vier Millionen Menschen kein Dach über dem Kopf. Zwischen 2010 und 2021 ist die Zahl der Obdachlosen laut Daten des Europäischen Parlaments um 70 Prozent gestiegen.[9] In Österreich wird die Zahl der Menschen ohne festen Wohnsitz auf etwa 20.000 geschätzt, etwa die Hälfte von ihnen lebt in Wien.[10] Zur Wohnungs- und Obdachlosigkeit von Frauen fehlen solide Daten, weil sich vieles davon in einem Graubereich befindet. Darunter versteht man eine versteckte Wohnungslosigkeit von Frauen. Sie sind auch in der Obdachlosigkeit an öffentlichen Orten weniger sichtbar als obdachlose Männer. Frauen, die keine Unterkunft haben, verstecken ihre Obdachlosigkeit in vielen Fällen, indem sie einmal hier und dann da unterkommen. Aber laut Schätzungen sind etwa ein Drittel aller Obdachlosen Frauen.

Weibliche Armut ist kein Randphänomen. Vielmehr ist sogenannte versteckte Wohnungslosigkeit für viele Frauen harte Realität. Diese Frauen haben kein eigenes Zuhause, übernachten bei Freundinnen, Verwandten oder Bekannten. Oft sind leider auch diese Notlösungen kein sicherer Ort für Frauen. Um ihre Grundbedürfnisse Schlafen, Waschen, Essen befriedigen zu können, ertragen sie zum Teil leider auch Gewaltbeziehungen. Weil der einzige Weg hinaus in vielen dieser Fälle die Straße ist.

In den mittlerweile sieben Jahren, in denen ich mich für #wirtun engagiere, habe ich unglaublich mutige Frauen kennengelernt, von denen ich viel mitgenommen habe. Es kostet große Überwindung, den ersten Schritt aus dem Teufelskreis zu tun, und erfordert viel Kraft und die Einsicht, dass man Hilfe und Unterstützung braucht und diese auch annehmen darf. Ich habe aus vielen Gesprächen gelernt, dass dieser Schritt vielleicht der wichtigste ist.

Eine schöne Erfahrung war es, wenn ich betroffene Frauen nach einiger Zeit wieder traf und sie mir erzählten, wie es ihnen mit Unterstützung der Sozialarbeiterinnen gelungen ist, sich aus dieser Spirale aus Armut und Gewalt herauszukämpfen.

Eine 2023 veröffentlichte Untersuchung[11] aus Wien identifiziert zwei typische Wege von Frauen in die Wohnungs- und Obdachlosigkeit. Zum einen sind es sehr junge Frauen, meist zwischen 20 und 30 Jahre alt; die Mehrheit der aus dieser Gruppe Befragten berichtete von Gewalt, auch von sexuellem Missbrauch, die bei vielen bereits in der Kindheit begann. Oft ist es eine Flucht aus einem desolaten Elternhaus, es kommt zu frühen Eheschließungen oder festen Beziehungen, um der eigenen Familie entkommen zu können. Viele dieser jungen Frauen waren bereits in ihrem Elternhaus mit Armut und Alkohol- beziehungsweise Drogenabhängigkeit konfrontiert, haben selbst aufgrund ihrer Geschichte psychische Probleme, reißen schon in ihrer Jugend mehrfach von zu Hause aus und kommen so in Kontakt mit Drogen. In ihren sehr früh geschlossenen Ehen kommt es häufig wieder zu Gewalt. Weil so viele andere Schwierigkeiten im Vordergrund stehen, vernachlässigen diese jungen Frauen ihre Ausbildung. Zum Teil beginnen sie aufgrund ihrer ökonomischen Zwangslage, sich zu prostituieren. Um dies aushalten zu können, benötigen sie Alkohol oder Drogen als Betäubungsmittel und landen so in einem Teufelskreis.

Die andere betroffene Gruppe sind Frauen, die man im ersten Moment gar nicht mit Wohnungs- und Obdachlosigkeit in Verbindung bringen würde. Sie sind älter als 50 Jahre, haben über Jahrzehnte ein klar strukturiertes, geordnetes Leben, einen Job, eine Beziehung, eine gemeinsame Wohnung, einen Freundeskreis.

Doch dann ereignet sich in ihrem Leben etwas, das sie aus der Bahn wirft. Sei es der Tod des Partners, eine Scheidung oder eine andere existenziell schwierige Situation. Plötzlich fehlen ihnen ausreichende finanzielle Mittel, um ihr Leben finanzieren zu können. Oftmals ziehen sich Frauen in solch schwierigen Situationen völlig zurück, brechen den Kontakt zu Freundinnen, Freunden und Verwandten ab, weil sie sich schämen, alles verloren zu haben.

Bei einem Besuch in einer Obdachlosenunterkunft ist mir eine ältere Frau besonders in Erinnerung geblieben. Mit ihr habe ich lange gesprochen. Sie hat mir erzählt, dass sie zuvor über Jahrzehnte ein sehr bürgerliches Leben geführt hatte. Sie war verheiratet, ihr Mann verdiente gut, sie war für Haushalt und Kinder zuständig und dachte, das werde bis zu ihrem Tod so weitergehen. Doch dann ließ sich ihr Mann überraschend scheiden, verschwand mit dem, was sie sich gemeinsam angespart hatten, und sie stand vor dem Nichts. „Früher habe ich immer gedacht, das betrifft nur andere, aber sicher nicht mich", sagte sie damals zu mir. Da war sie schon über 60 Jahre alt und ein Neubeginn war für sie kaum vorstellbar.

Später traf ich sie zufällig wieder, als ich zu einem Termin in einer Sozialberatungsstelle war. Da erzählte sie mir, dass sie es geschafft hat. Sie lebt wieder in einer eigenen kleinen Wohnung und nicht mehr auf der Straße. Durch sie und in vielen Gesprächen mit obdachlosen Frauen habe ich gesehen, wie schnell es passieren kann, dass auch Frauen, von denen man denkt, sie führen ein ganz normales Leben, ganz unten landen.

Ich habe Mütter kennengelernt, die ihre Obdachlosigkeit verstecken, aus Angst, das Jugendamt könnte ihnen die Kinder abnehmen. Es ist kaum vorstellbar, unter welchem Druck diese Frauen in einer derart schwierigen Situation stehen. Allein, dass diese Frauen den Schritt zur Caritas machen und sich Unterstützung holen, damit sie und vor allem ihre Kinder wieder ein besseres Leben in einem eigenen Zuhause führen können, zeugt für mich davon, wie viel Mut diese Frauen haben.

Traurige Realität: Femizide

Ich bin regelmäßig in Kontakt mit den österreichischen Frauenhäusern. Als im Jahr 2023 die Zahl der Femizide, also die Tötung von Frauen durch Männer, so tragisch angestiegen war – 26 Morde[12] und 51 Mordversuche[13] an Frauen gab es in diesem Jahr –, luden wir in der Präsidentschaftskanzlei Vertreterinnen und Vertreter aus der Politik mit Expertinnen und Experten zu einem runden Tisch in die Hofburg. Diese Morde sind die besonders tragischen Konsequenzen männlicher Gewalt. Sie sind der brutale Ausdruck der noch immer zu ungleichen und zu patriarchalen Gesellschaft, in der wir leben. In Umfragen gibt etwa ein Viertel der Frauen zwischen 18 und 74 Jahren in Österreich an, in ihrem Leben schon einmal von Gewalt betroffen gewesen zu sein. Sollten Sie gerade in der Straßenbahn, im Zug oder an einem anderen öffentlichen Ort sein, dann können Sie sich diese Zahl veranschaulichen: Statistisch gesehen ist jede vierte Frau, die Sie sehen, mit Gewalt konfrontiert.

Ich selbst hatte Glück. Ich habe Männergewalt persönlich nicht erlebt. Ich kann mich noch erinnern, dass es sich in meiner Jugend bei uns am Land durchaus herumsprach, wenn Männer ihre Frauen schlugen. Konsequenzen hatte das damals in den seltensten Fällen. Zumindest das hat sich geändert: Heute wird Gewalt an Frauen nicht mehr totgeschwiegen. Die Sensibilität für das Thema in der Bevölkerung ist merklich gestiegen. Aber es reicht nur ein Blick in die Zeitungen, um zu wissen, dass in Österreich immer noch zu viele Frauen von Gewalt betroffen sind.

Rosemarie „Rosi" Imre

*eine Frau kämpft sich
ins Leben zurück*

Rosemarie „Rosi" Imre

Die Dame im feinen Hosenanzug, die im Sommer 2023 in der Gruft neben Rosemarie „Rosi" Imre Platz nimmt, beginnt gleich ein Gespräch. Die Gruft in Wien ist die wohl bekannteste Obdachloseneinrichtung im Land.

„Wir haben über Politik geplaudert", erinnert sich Rosi Imre, „und sie hat mich gefragt, wie ich den Bundespräsidenten finde. Da habe ich ihr gesagt, na, wie der immer ausschaut mit seinem Stoppelbart! Wenn er keinen Rasierer hat, soll er zu uns in die Gruft kommen, da gibt es welche." Daraufhin lacht die Dame: „Ich werde meinem Mann sagen, dass Sie finden, er solle sich rasieren!"

Es war kein Zufall, dass Rosi Imre zur Präsentation der #wirtun-Kampagne mit der First Lady auf dem Podium saß. Die heute 64-Jährige hat 1982 erstmals erlebt, was es bedeutet, als Frau auf der Straße leben zu müssen. Und sie hat es, mit Unterstützung der Sozialarbeiterinnen und Sozialarbeiter der Gruft, geschafft, nach Jahrzehnten der Obdachlosigkeit ihr Leben neu zu sortieren. Heute wohnt sie gemeinsam mit ihrem Labrador-Malamut-Husky-Mischling namens Aaron in einer kleinen Gemeindewohnung.

Mit 15 Jahren zieht die gebürtige Niederösterreicherin das erste Mal von zu Hause aus. „Ich bin freiwillig ins Heim gegangen, weil mich mein Vater missbraucht hat", erzählt sie. Ein einziges Mal hat sie sich gewehrt. „Ich bin mit dem Messer auf ihn losgegangen, damit er mich endlich in Ruhe lässt." Wegen Notwehrüberschreitung wird die Minderjährige zu sieben Monaten bedingt verurteilt.

Das Jugendamt schickt sie in ein Heim der katholischen Kirche. „Dort haben die Mönche dasselbe mit mir gemacht wie vorher der Vater", erinnert sie sich. Bloß drei Mal am Tag durften sie und die anderen Jugendlichen für eine Zigarettenlänge das Heim verlassen. Um 18 Uhr war alles zugesperrt. Sie knackt heimlich die Fensterschlösser, haut regelmäßig in der Nacht ab. „Es war dort ärger als im

Gefängnis." Es sind die 1970er-Jahre. „Was wir Kinder und Jugendlichen gesagt haben, hat damals niemanden interessiert. Nur den Erwachsenen hat man zugehört."

Eigentlich hätte sie bis zu ihrem 21. Geburtstag im Heim bleiben müssen, denn erst dann war ein Jugendlicher in den 1970er-Jahren volljährig. Es gab aber einen Ausweg: früh heiraten. Dann wurde man großjährig geschrieben. „Als ich das erfahren habe, bin ich in mein damaliges Stammcafé und habe dem erstbesten Mann gesagt: Du wirst mein Mann!", erinnert Imre sich. Der sagte: „Tut mir leid, ich bin schon verheiratet. Aber ich stelle dir meinen Bruder vor." Den heiratet sie mit gerade einmal 17 Jahren. „Der war zwar ein Spieler und ein Säufer, aber mir war es wurscht. Ich bin großjährig geschrieben worden und wurde als ‚schwererziehbar' aus dem Heim entlassen."

Die Ehe wird zu einem weiteren Gefängnis. Zu den drei Kindern kommen rasch hohe Schulden. Ihr Mann verspielt das gemeinsame Geld, und was er nicht verspielt, versäuft er. Obwohl sie das Geld nicht ausgegeben hatte, haftet Rosemarie als Ehefrau für die Schulden ihres Ehemanns mit. Bald trinkt auch sie. Weil sie das Geld nicht bezahlen kann, landet Rosi Imre das erste Mal im Gefängnis. Als sie wieder draußen ist, sind die Kinder weg. Das Jugendamt hat sie bei Pflegeeltern untergebracht.

Ohne Kinder hält sie nichts mehr in ihrer alten Heimat Wiener Neustadt. Sie geht nach Wien, lernt Schausteller kennen, zieht mit ihnen im Wohnwagen durch die Dörfer. Sie arbeitet beim Autodrom, am Imbissstand. Einen festen Wohnsitz hat sie nicht.

„Aber ich habe immer gearbeitet, als Zimmermädchen oder auch als Kellnerin." Sie zieht zwischen Salzburg und Wien herum. 1986, bald nach der Eröffnung, ist sie das erste Mal in der damals neu eröffneten Gruft. „Da hat mir am Westbahnhof einer gesagt, geh dorthin, dort gibt es Schmalzbrote und Tee."

26 Jahre ist sie damals, schläft im Winter in Abbruchhäusern oder in leeren Zugwaggons, im Sommer im Dehnepark oder auf der Donauinsel. „Wir waren damals eine richtige Clique, die aufeinander aufgepasst hat", erinnert sie sich. Von den Freundinnen und Freun-

den von früher lebt kaum einer mehr. Wer auf der Straße leben muss, hat meist kein langes Leben. Auch Rosi Imre wird krank, hat eine chronische Lungenerkrankung, mittlerweile schon drei Herzinfarkte überlebt, ein künstliches Knie und auch eine künstliche Schulter. „Ich bin schon ein halber Roboter", sagt sie und lacht.

Obwohl sie keinen festen Wohnsitz hat, arbeitet sie regelmäßig, sei es als Klofrau am Karlsplatz, als Putzfrau oder auch als Kellnerin. Sie habe eben immer Wert darauf gelegt, dass man ihr die Obdachlosigkeit nicht ansehe. Manchmal bleibt ihr auch nur, ihren Körper zu verkaufen, um sich Essen und Alkohol leisten zu können. Auch weitere Gewalt kam vor in ihrem Leben. „Auf der Straße musst du dich durchsetzen, besonders wenn du eine Frau bist. Sonst gehst du unter." Nur eines habe sie ihr Leben lang ausgelassen: „Ich habe nie illegale Drogen genommen. Das hätte ich auch nicht überlebt. Der Alkohol war schlimm genug."

Aber sie bleibt schlagfertig, auch wenn das Leben hart ist. „Einmal ist der damalige Bürgermeister Helmut Zilk bei mir am Karlsplatz am Klo gewesen", erinnert sie sich. Damals sei in der Zeitung gestanden, es gebe in Wien keine Obdachlosigkeit. „Dem Zilk habe ich dann gesagt, dass das natürlich ein Blödsinn ist", erzählt sie. Kurz darauf öffnet die Stadt Wien Notquartiere für den Winter. Rosi schläft aber weiterhin in Abbruchhäusern oder leerstehenden Zugwaggons am Westbahnhof.

Der Gruft bleibt Rosi Imre vom ersten Schmalzbrot an verbunden. Sie ist nicht nur Besucherin, sie arbeitet auch ehrenamtlich mit, hilft in der Küche, sortiert die Kleidung ins Lager ein, ist Mädchen für alles.

Durch die Gruft findet Imre schließlich ihre erste eigene Wohnung. Im Jahr 1996, nach fast 20 Jahren Obdachlosigkeit, bekommt sie einen Platz in einer betreuten Wohneinrichtung. Wenig später kann sie ihre erste eigene Gemeindewohnung beziehen. „Seit diesem Tag habe ich keinen Tropfen Alkohol getrunken", erzählt sie. Mittlerweile ist sie in Pension. Die eigene Wohnung hat sie bis heute, die Gruft besucht sie aber weiter regelmäßig. „Jeder kann obdachlos werden, egal ob arm oder reich", sagt Rosi Imre zum Schluss. Sie habe in der Gruft auch schon den einen oder anderen Herrn Professor kennengelernt. „Deshalb schimpft bitte niemanden einen Sandler. Weil morgen könnte es euch selbst erwischen."

*Jugend in Peuerbach,
gemeinsam mit meinem Bruder Peter*

Politische Wendepunkte

Meine Familie war christlich-sozial geprägt, aber mein erster politischer Schwarm war Bruno Kreisky. Meine Eltern waren stets gastfreundliche und offene Menschen, die nicht in Schubladen dachten. Mein Vater war ein musikalischer Mensch und zeit seines Lebens der Musikkapelle Peuerbach verbunden, viele Jahre als deren Kapellmeister. Die Musikkapelle begrüßte auch den Sozialdemokraten Bruno Kreisky mit einem musikalischen Empfang, als dieser in den 1970er-Jahren für eine Wahlkampfveranstaltung nach Peuerbach kam.

Ich weiß nicht mehr, warum mein Vater mich damals zu dieser Veranstaltung mitnahm. Aber mir hat das damals so gut gefallen, dass ich ganz stolz mit einem Plakat von Kreisky nach Hause marschierte und es in meinem Kinderzimmer aufhängte, sehr zum Missfallen meiner Mutter. Nicht, weil sie Kreisky ablehnte. Sondern weil der SPÖ-Chef auf diesem Plakat ihrer Meinung nach furchtbar aussah. „Der hat auf dem Plakat auch noch rosarote Haare!", schimpfte sie.

Ernsthaftes politisches Interesse wurde bei mir während meiner Schulzeit geweckt. Zu meinem Glück wurde ich im Gymnasium, das eigentlich sehr konservativ war, von einigen sehr aufgeklärten Lehrerinnen und Lehrern unterrichtet, die stark im Bereich Sozial- und Entwicklungspolitik engagiert waren. Besonders in Erinnerung geblieben ist mir meine damalige Klassenlehrerin, der es ein großes Anliegen war, ihre Schülerinnen nicht nur fachlich zu bilden, sondern ihnen Werte wie Gerechtigkeit, Solidarität und Zusammenhalt mitzugeben. Sie prägen mich heute noch. In Geografie hatten wir ebenfalls eine besonders engagierte Lehrerin, die uns in Politischer Bildung unterrichtete und uns lehrte, bestehende Verhältnisse sowie gängige Mythen und Geschichten stets zu hinterfragen. Beide Frauen zeigten uns, wie wichtig es ist, sich zu engagieren.

Die Welt an sich heranlassen

Die erste Demonstration, an der ich als Jugendliche teilnahm, war eine große Friedensdemonstration Anfang der 1980er-Jahre. Meine Mitschülerinnen und ich fuhren mit dem Zug nach Wien, um für Frieden und Abrüstung auf die Straße zu gehen. Es war die Zeit des Kalten Krieges, der zunehmenden politischen Spannungen zwischen Ost und West und der Nato-Aufrüstung in Europa. Ganz zentral war damals der sogenannte Nato-Doppelbeschluss vom Dezember 1979 und die geplante Stationierung neuer atomarer Waffen, Pershing II genannt, in der damaligen Bundesrepublik Deutschland. Dies wurde von vielen zu Recht auch in Österreich als direkte Bedrohung empfunden. „Den Atomkrieg verhindern! Abrüsten!", lautete dann auch der Slogan dieser Demonstration, die mit 70.000 Teilnehmerinnen und Teilnehmern die bis dahin größte Kundgebung in der Zweiten Republik war. Erstmals Teil eines großen Ganzen zu sein, dazuzugehören und für eine Sache gemeinsam aufzutreten, war für mich damals ein überwältigendes Gefühl. Das Demonstrationsrecht als Grundrecht auf freie Meinungsäußerung ist eine wesentliche Errungenschaft unserer liberalen Demokratie und wird in allzu vielen Ländern der Welt mit Füßen getreten.

Ein Thema, das uns Schülerinnen sehr bewegte, weil wir in der Schule mit unserer Geografieprofessorin viel darüber sprachen, war das „Hungermärchen". Dieser Begriff – so wurden wir aufgeklärt – beschreibt Hungerkatastrophen ausschließlich als Folge von Naturgewalten, obwohl sie in Wirklichkeit auch Folge globaler Verteilungsungerechtigkeit sind.

Damals jedenfalls waren schreckliche Hungersnöte in der Sahelzone oder auch in Äthiopien regelmäßig in den Medien. Die Ursachen dafür lagen zum einen an klimatischen Veränderungen, zum anderen waren sie vom Menschen verursacht, durch Entwaldung und Übernutzung der Böden oder auch aufgrund politischer Konflikte. Für meine Mitschülerinnen und für mich war klar: Wir müssen etwas tun! Wir wollten nicht einfach nur in den Zeitungen davon lesen, wie Millionen von Menschen vom Hungertod bedroht sind, sondern selbst aktiv werden und die Aufmerksamkeit der Menschen auf dieses Thema lenken. Wir Schülerinnen rollten deshalb mitten in der Fußgängerzone Schmidtgasse in Wels einen großen Teppich aus. Wir stempelten die Anzahl der Hungertoten auf unseren Teppich, um zu symbolisieren, welch große Katastrophe, was für ein großes Unrecht da gerade weit von uns entfernt in Afrika passierte.

In unserer Phantasie waren wir, damals noch so jung und vom Elend der Welt tief betroffen und aufgerüttelt, völlig überzeugt: Wenn die Menschen unseren Teppich sehen, werden sie völlig erschüttert sein. Sie werden sich mit unserem Anliegen solidarisieren, werden wissen wollen, was sie tun können, um diesen hungernden Menschen zu helfen, werden vielleicht sogar aktiv werden wie wir. Tatsächlich gingen viele Passantinnen und Passanten einfach nur an uns vorbei, stiegen teilnahmslos über unseren so bemüht gestalteten Teppich aus Packpapier. Die allermeisten zeigten überhaupt kein Interesse daran, was wir jungen Mädchen in der Fußgängerzone aufgebaut hatten.

Mein erster politischer Aktionismus war also gleich einmal mit der frustrierenden Erfahrung verbunden, dass es in der Politik neben Engagement auch ein großes Maß an Durchhaltevermögen benötigt, dass man damit leben muss, dass nicht alle Menschen dieselben politischen Dringlichkeiten verspüren wie man selbst.

Apropos Dringlichkeit: Im Frühjahr 2024 besuchte ich meine Mutter in Oberösterreich und las bei ihr die *Oberösterreichischen Nachrichten*. Ein Artikel des Journalisten Philipp Fellinger mit dem

Titel „Ich hab ihm ja versprochen, dass er zurückkommt" über die Wirtin Hermine Hanke hat mich sehr beeindruckt. Sie hatte nach sechseinhalb Jahren intensiven Engagements durchsetzen können, dass ihr ehemaliger Lehrling aus Pakistan, der in sein Heimatland abgeschoben worden war, in ihr Restaurant „Hofstub'n" zurückkehren konnte. Spontan schlug ich meinem Mann vor, das nächste Mal, wenn wir in der Nähe sind, in ihr Restaurant essen zu gehen. Ich wollte unbedingt mehr über diese Geschichte erfahren. Kurz darauf waren wir bei einer Veranstaltung in Oberösterreich. Auf dem Rückweg blieben wir zum Mittagessen in der „Hofstub'n" stehen. Dabei lernten wir das gesamte Küchenteam kennen. Nicht nur der Koch hat Migrationshintergrund, viele im Team stammen ursprünglich aus einem anderen Land. Es ist schön zu sehen, wie gut Integration an vielen Orten Österreichs funktioniert.

Ähnliches erlebten wir im Jahr 2018, als wir einen Lehrling im Supermarkt in der Gemeinde Neumarkt im Hausruckkreis in Oberösterreich besuchten. Der junge Mann stammt aus Afghanistan, war schon länger in Österreich im Asylverfahren und hatte einen negativen Asylbescheid erhalten. Mein Mann sprach sich bei diesem Besuch dafür aus, Asylwerberinnen und Asylwerber, die in einer Lehrausbildung sind, nicht während ihrer Lehrzeit abschieben, sondern ihre Ausbildung beenden zu lassen. Das sind junge Menschen, die in Österreich gebraucht werden und die durch ihr Engagement und ihren Willen, etwas zu lernen und zu leisten, zeigen, dass sie sich in das Land integrieren möchten und einen positiven Beitrag leisten.

Die Sache mit der Verstaatlichten

Als Studentin der Politikwissenschaft interessierte ich mich für die Geschichte und den Stellenwert der verstaatlichten Industrie. Genau in dieser Zeit schlitterte die sogenannte „Verstaatlichte" in eine schwere Krise und Rufe nach einer Privatisierung wurden laut. Parallel dazu befand sich das Land auch wirtschaftlich in schwierigen Zeiten und der Staat hatte mit Verschuldung zu kämpfen.

Damals sah ich in den Plänen zur Privatisierung einen Ausverkauf der verstaatlichten Industrie. Diese hatte eine lange Vorgeschichte: Zu Beginn der Zweiten Republik kamen zahlreiche Schlüsselunternehmen in den Besitz der Republik, etwa der Stahlkonzern Voest in Linz, Bergbauunternehmen, Teile des Bankensektors oder die Erdölförderung und -Raffinerie als Österreichische Mineralölverwaltung (OMV) und die Österreichischen Stickstoffwerke, später Chemie Linz AG. Damals herrschte zwischen SPÖ und ÖVP die Übereinstimmung, dass dieser Schritt notwendig sei, um die durch den Krieg zerstörte Wirtschaft rasch wieder auf die Beine zu bringen. Diese Unternehmen waren dann auch der Motor des wirtschaftlichen Wiederaufbaus, auch für die Privatwirtschaft. Mit mehr als 100.000 Arbeitnehmerinnen und Arbeitnehmern stellte die Verstatlichte, wie sie genannt wurde, beinahe ein Fünftel aller in der Industrie Beschäftigten.

Viele Jahre erwirtschafteten diese Unternehmen durchaus Gewinne, die sich positiv auf das Staatsbudget auswirkten. In den 1980er-Jahren kam es dann aber zum Zusammenbruch der verstaatlichten Industrie. In Österreich war etwa die Stahlindustrie mittlerweile stark staatlich subventioniert und stand auf dem Weltmarkt in Konkurrenz zu internationalen Unternehmen, die durch massiven Personalabbau zu günstigeren Preisen produzieren konnten. Hinzu kamen innerbetriebliche Malversationen, die sich negativ auf das Firmenergebnis auswirkten. Die verstatlichen Unternehmen standen unter starkem Einfluss der SPÖ; so wurden Führungsposten in diesen Unternehmen sehr oft parteipolitisch vergeben.

Die damals SPÖ-geführte Regierung arbeitete erste Pläne zur Privatisierung der Verstaatlichten aus, 1986 wurde die geplante Privatisierung zum Wahlkampfthema.

Zu dieser Zeit bildeten sich Initiativen zur Rettung der verstaatlichten Industrie, die zu Demonstrationen aufriefen. Auch ich ging mit auf die Straße. Zum Beispiel fand im Oktober 1987 eine sogenannte „gesamtösterreichische Demonstration gegen Arbeitslosigkeit, Sozialabbau und Bildungsstopp und für eine offensive Beschäftigungs- und Verstaatlichtenpolitik" statt. Es gab eine große Konferenz im oberösterreichischen Steyr, an der viele Arbeiter – damals waren es tatsächlich nur Arbeiter und keine Arbeiterinnen – sowie Studentinnen und Studenten teilnahmen. Ein gemeinsames politisches Engagement dieser Gruppierungen war damals ungewöhnlich. Aber wir haben gemeinsam gegen die von der damaligen SPÖ-ÖVP-Regierung geplanten Sparpakete demonstriert, die wir als Angriff auf den österreichischen Sozialstaat sahen. Ich hatte auch einen persönlichen Zugang zu dem Thema, weil mein damaliger Lebensgefährte als Facharbeiter in der Autoindustrie arbeitete.

Für die Unterstützerinnen und Unterstützer, zu denen ich damals gehörte, war die verstaatlichte Industrie die Melkkuh der Nation, an der sich alle bedienten. Und am Ende wunderte man sich, warum sie nicht produktiv war. Wir stellten uns die Frage, ob es nicht möglich wäre, zur ursprünglichen Idee einer verstaatlichten Industrie zurückzukehren, die, dem Gemeinwohl verpflichtet, so wirtschaftet, dass alle Menschen davon profitieren und nicht nur einige wenige. Für uns bedeutete die geplante Privatisierung, zugegeben etwas naiv gedacht, einen Ausverkauf der heimischen Industrie. Ich beschäftigte mich in meiner Diplomarbeit an der Universität Wien mit der Verstaatlichten, setzte mich als links positionierte Studentin intensiv mit staatsmonopolistischem Kapitalismus und mit der verstaatlichten Industrie in Österreich auseinander. Im Resümee meiner Abschlussarbeit im Jahr 1988 schrieb ich sogar: „Mein persönliches Anliegen war es, mit dieser Arbeit einen Beitrag für die Erhaltung und Stärkung der verstaatlichten Industrie zu leisten."

Heute würde ich die Arbeit nicht mehr so verfassen. Spätestens als ich mich als Mitarbeiterin der Grünen im parlamentarischen Untersuchungsausschuss intensiv mit dem Noricum-Skandal beschäftigte, wurde mir bewusst, wie viel bei der Verstaatlichten schiefgelaufen war. Aber damals fühlte ich mich in dieser Frage den Gewerkschaften im Kampf für die Verstaatlichte verbunden.

Anders beurteilte ich das Verhalten der Gewerkschaft gegenüber der Umweltbewegung in Hainburg.

Erwachende Klimabewegung

Im April 1983 wurden Pläne für ein Kraftwerksprojekt mit Standort Hainburg einer breiteren Öffentlichkeit präsentiert. Dieses Wasserkraftwerk sollte in der Nähe der Stadtgemeinde Hainburg an der Donau errichtet werden, und zwar inmitten der Aulandschaft, die dafür zerstört werden sollte. Der Protest dagegen begann in der ersten Jahreshälfte 1984. Als der damalige niederösterreichische Umweltlandesrat Ernest Brezovsky (SPÖ) im November 1984 die naturschutzrechtliche Baubewilligung erteilte und der damalige Landwirtschaftsminister Günter Haiden (SPÖ) Anfang Dezember die positive wasserrechtliche Entscheidung bekannt gab, begannen Studentinnen und Studenten gemeinsam mit anderen Umweltaktivistinnen und -aktivisten die Au zu besetzen, um weitere Rodungen in dieser Naturlandschaft zu verhindern.

Am 8. Dezember 1984 startete die Österreichische Hochschülerschaft einen Sternmarsch in die Stopfenreuther Au bei Hainburg, die in weiterer Folge besetzt blieb. Regelmäßig fuhren Busse mit neuen Besetzerinnen und Besetzern von der Universität nach Hainburg. Denn dieses geplante Kraftwerk hätte zur Folge gehabt, dass sieben Quadratkilometer unberührte Natur überflutet würden. Der Protest gegen diesen Kraftwerksbau war sehr breit. Vom Nobelpreisträger und Biologen Konrad Lorenz über den bekannten Journalisten Günther Nenning, dem damaligen Wiener ÖVP-Stadtrat Jörg Mauthe, der Grünen-Mitbegründerin Freda Meissner-Blau bis zu dem damaligen FPÖ-Jugendvorsitzenden und späteren Vizekanzler Hubert Gorbach, dem Schriftsteller Peter Turrini oder dem ÖVP-Politiker Othmar Karas, der später viele Jahre als Europapolitiker in Brüssel tätig war, fanden sich hier alle ein. Auch die spätere FPÖ-Vorsitzende und Vizekanzlerin Susanne Riess-Passer, heute Riess-Hahn, campierte in der Au. Es war ein parteiübergreifender Protest, der das ganze Land bewegte. Die Organisation der Demonstration erscheint mir heute als Meisterleistung, wenn man bedenkt, dass es damals noch keine Smartphones gab, kein Google Maps, keine WhatsApp-

Standorte. Bei Temperaturen von bis zu minus 17 Grad harrten die Protestierenden in der Au aus.

Der damalige Bundeskanzler Fred Sinowatz (SPÖ) schätzt die politische Situation falsch ein, verkennt die große Solidarität, die sich in der Bevölkerung mit den Naturschützerinnen und -schützern aufbaut. Auch die auflagenstärkste Tageszeitung, die *Kronen Zeitung* mit ihrem damaligen Herausgeber Hans Dichand, stellt sich auf die Seite der Umweltschützerinnen und Umweltschützer.

In der Stopfenreuther Au kommt es immer wieder zu Zusammenstößen zwischen Arbeitern und Demonstrierenden. Die Gewerkschaft steht damals klar auf Seiten der Regierung. Sie erhofft sich durch den Bau des Kraftwerks Arbeitsplätze und eine Stärkung der Wirtschaft. Der damalige Vorsitzende der Gewerkschaft Bau-Holz will sogar seine Arbeiter in die Au schicken, um die Demonstrantinnen und Demonstranten zu vertreiben, wird aber von der Regierung daran gehindert.

Am 19. Dezember 1984 eskaliert die Situation in Hainburg. Bei der geplanten Räumung des Gebiets kommt es zu Zusammenstößen zwischen 4.000 Demonstrantinnen und Demonstranten und 2.000 Polizistinnen und Polizisten. Die Aufnahmen von Polizisten, die auf blutende Menschen einprügeln, schockieren das Land. „Die Schande von Hainburg" titelte die *Kronen Zeitung* damals.

Als Hardcore-Hainburg-Besetzerin würde ich mich nicht bezeichnen. Unser Einsatz gestaltete sich so: Nächtens sind wir mit Bussen von der Uni aufgebrochen und dann im Stockfinsteren irgendwo in der Au ausgestiegen, über Wiesen und Gebüsch gestolpert und schließlich von kundigen Menschen zum „Einsatzgebiet" gelotst worden.

Die Au hat nach Holzfeuer gerochen, es war bitterkalt und ich war auch völlig falsch ausgerüstet, hatte nur einen Anorak an. Völlig durchgefroren sind wir abends in die Stadt zurückgefahren, um am folgenden Tag wieder in die Au aufzubrechen.

Mitzuerleben, wie sich die Regierungsspitze damals verhielt, wie man meinte, diese neue Form des zivilgesellschaftlichen Protests einfach niederschlagen zu können, zu glauben, man löse das Problem, indem man mit Gewalt gegen Demonstrantinnen und Demonstranten vorgeht, war sehr ernüchternd für mich. Das war der Moment, an dem ich mich politisch neu orientierte.

Nicht nur das Thema Ökologie brachte mich schließlich zu den Grünen. Zu Beginn meines politischen Engagements standen soziale und gesellschaftspolitische Anliegen. Aber seit Hainburg wurde auch der Umweltschutz zum wichtigen Thema für mich. Ein Bewusstsein für Erderwärmung und Klimaschutz war damals in der Gesellschaft noch nicht vorhanden, obwohl Wissenschaft und Forschung schon in dieser Zeit nachgewiesen hatten, dass die Erderwämung durch Emissionen von Treibhausgasen wie Kohlendioxid verursacht wird.

Für mich sind die ökologische und die soziale Frage nicht trennbar. Das sieht man nicht zuletzt an den vom UN-Flüchtlingshochkommissariat UNHCR veröffentlichten Zahlen. Allein im vergangenen Jahrzehnt wurden weltweit 220 Millionen Menschen aufgrund von klimabedingten Katastrophen zu Binnenflüchtlingen gemacht. 26,4 Millionen Menschen mussten ihre Heimat wegen klimabedingten Katastrophen wie Dauerregen, extremen Dürren, Hitzewellen und Stürmen verlassen.[14] Der Kampf gegen die Erderwärmung und damit die Rettung des Planeten ist eine Überlebensfrage für die Menschheit.

Ich kann mich noch an die Weihnachtsfeier des Grünen Parlamentsklubs 2015 erinnern. Eine strahlende Christiane Brunner, damals Umweltsprecherin der Grünen, kam frisch von der Klimakonferenz in Paris (COP21) und begeisterte uns mit ihrem Bericht über die hoffungsvollen Ergebnisse. Das Übereinkommen von Paris markierte mit seinem verbindlichen Ziel, die Erderwärmung auf maximal 2 Grad Celsius gegenüber vorindustriellen Werten zu begrenzen und darüber hinaus Anstrengungen zu unternehmen, den Anstieg überhaupt auf 1,5 Grad Celsius zu begrenzen, einen großen Durchbruch in der internationalen Klimapolitik.

An der Umsetzung wird bis heute gearbeitet. Das Thema Klimapolitik wird in der politischen und öffentlichen Debatte leider insgesamt nicht mit der Dringlichkeit behandelt, die angesichts der dramatischen weltweiten Katastrophen in Folge der Klimaveränderungen angebracht wäre. Das ist ein wichtiger Grund für den Bundespräsidenten und mich, regelmäßig den Austausch mit Wissenschaftlern und Wissenschaftlerinnen sowie Klimaaktivisten und -aktivistinnen zu suchen und auch dafür die Präsidentschaftskanzlei als Ort der Begegnung zu nutzen.

Persönlich bin ich zum Beispiel bei CEOs for Future engagiert. Das ist ein gemeinnütziger Verein, in dem Topmanagerinnen und -manager sich für eine nachhaltige Transformation der Wirtschaft einsetzen, mit dem Ziel, gemeinsam eine wirtschaftliche Zukunft zu erschaffen, die im Einklang mit den vorhandenen Ressourcen unseres Planeten steht. CEOs for Future führt in einer eigenen „Generationenplattform", deren Botschafterin ich bin, einen intensiven Austausch zwischen Management und den jungen Mitarbeiterinnen und Mitarbeitern in ihren jeweiligen Unternehmen. In diesen Dialog auf Augenhöhe sind vor allem auch Lehrlinge stark eingebunden. Die CEOs for Future veranstalten regelmäßige Lehrlingstage, zuletzt den „GEN Z-Tag", an dem junge Menschen für klimarelevante Ausbildungen begeistert werden und auch eigene, innovative Ideen entwickeln, um ihr Unternehmen klimafit zu machen.

Zeitzeuginnen

Kurz nach Beendigung meines Studiums konnte ich im Rahmen eines sogenannten „Akademikertrainings" im Dokumentationsarchiv des österreichischen Widerstandes mitarbeiten. Das war für mich auch insofern spannend, weil der Umgang mit den Verbrechen des Nationalsozialismus auch innerfamiliär ein schwieriges Thema war. Mein Großvater war Nationalsozialist und Kreisbeauftragter der deutschen Arbeitsfront in Baden. Nach 1945 wurde er von den amerikanischen Alliierten zwei Jahre im Lager Glasenbach im Bundesland Salzburg interniert. Heute ist mir natürlich bewusst, dass mein Großvater als Funktionär der NSDAP Mitschuld an deren

Verbrechen trägt. In meiner kindlichen Erinnerung war er der liebe Opa. Meine Großmutter hatte eine Freundin, die sehr früh ein Kind bekommen hatte, es aber nicht bei sich behalten konnte, weil sie alleinstehend war und als Köchin arbeitete. Meine Großeltern nahmen diesen Buben wie ihr eigenes Kind bei sich auf. Auch für mich war und ist er immer der Onkel Klaus. Für meinen Großvater war er wie ein Sohn. Mir wurde die Teilnahme meines Großvaters am nationalsozialistischen Unrechtsregime erst bewusst, als wir in der Schule über die Verbrechen der Nazis hörten. Zuvor war darüber in der Familie nicht gesprochen worden. Ich konnte meinen Großvater nicht mehr ausreichend mit seiner Vergangenheit konfrontieren. Er starb 1980. Ich sprach aber oft mit meinem Onkel Klaus und auch mit meiner Mutter über diese tiefe Irritation, dass ein Mensch, den man in der kindlichen Erinnerung als liebevoll und gutherzig erlebt hatte, auch ein NS-Funktionär gewesen war.

Im Dokumentationsarchiv des österreichischen Widerstandes wertete ich im Rahmen des Oral-History-Projekts „Erzählte Geschichte"[15] Gespräche mit Zeitzeuginnen und Zeitzeugen und mit Widerstandskämpferinnen und -kämpfern aus. Im Dokumentationsarchiv arbeiteten nicht nur Wissenschaftlerinnen und Wissenschaftler. Es waren auch viele Menschen, die im Widerstand gegen die Nazis gekämpft hatten, als Ehrenamtliche dort tätig. Besonders stark blieben mir die beiden Widerstandskämpferinnen, mit denen ich ein Büro teilte, in Erinnerung. Ester Tencer[16] war Jüdin und Kommunistin und hatte das Konzentrationslager Auschwitz überlebt. Lisbeth Steinitz[17] war Sozialdemokratin und in der französischen Résistance gegen die Nationalsozialisten aktiv. Es war Kultur im Dokumentationsarchiv, dass alle Mitarbeiterinnen und Mitarbeiter per du waren. Aber ich hatte richtige Hemmungen, zu diesen Frauen einfach „du" zu sagen. Diese beeindruckenden Frauen hatten ihr Leben gegen die Nazis eingesetzt und sogar das Todeslager Auschwitz überlebt. Neben ihnen fühlte ich mich damals winzig.

Aber ich hörte gerne zu, wie die beiden, damals bereits im Pensionsalter, immer noch mit unglaublich viel Energie über tagespolitische Themen diskutierten und zum Teil auch stritten. Auch meine Beschäftigung mit Menschen aus dem konservativen Widerstand war eine prägende Erfahrung. Der Kampf gegen ein Unrechtsregime ist keine Sache von links oder rechts. Es gab auf der linken Seite Kommunistinnen und Kommunisten sowie Sozialdemokratinnen und Sozialdemokraten, die im Kampf gegen Hitler und den nationalsozialistischen Unrechtsstaat bereit waren, ihr Leben zu riskieren. Die den Mut hatten, Jüdinnen und Juden bei sich zu verstecken, und ihnen dadurch das Leben retteten. Und auch auf der konservativen Seite fanden sich Menschen, die für ihre christlich-sozialen Werte, für ihren Humanismus ihr Leben riskierten. Wie zum Beispiel der Verlagsgründer Fritz Molden, der 2014 verstorben ist. Er schloss sich bereits als Jugendlicher gleich nach dem sogenannten „Anschluss" Österreichs an Nazideutschland dem katholischen Widerstand gegen den Nationalsozialismus an, wurde mehrfach verhaftet und desertierte aus der NS-Wehrmacht, um im Widerstand aktiv zu sein.

Als das Dokumentationsarchiv später seinen Band über den konservativen Widerstand veröffentlichte, stand darauf „unter Mitarbeit von Mag. Doris Schmidauer". Das war und ist eine unglaubliche Ehre für mich.

Hermine Hanke

*eine starke Frau,
die für andere da ist*

Hermine Hanke

Plötzlich stand die Polizei in der Küche. Es war der 5. November 2017, ein Sonntag während des Mittagsgeschäfts. Die „Hofstub'n", ein Restaurant mit gehobener österreichisch-italienischer Küche im oberösterreichischen Stadlkirchen, war voller Gäste. „Und dann standen da zwei Polizisten und fragten, wo mein Kochlehrling Qamar ist. Sie müssen ihn verhaften", erinnert sich „Hofstub'n"-Wirtin Hermine Hanke. Qamar Rafique stammt aus Pakistan. 2015 flüchtete er als Teenager nach Österreich. Er holte den Pflichtschulabschluss nach und fand in der „Hofstub'n" einen Lehrplatz als Koch. „Ich habe mich immer für sozial Schwächere engagiert", sagt Hanke, „habe auch früher schon gezielt Lehrlinge aufgenommen, die etwa in Heimen groß wurden." Denn ihr Credo sei, dass jeder Mensch eine Chance verdiene.

So auch Qamar Rafique. Zweieinhalb Jahre arbeitete der Pakistani bei Hermine Hanke in der Küche. Ein halbes Jahr später sollte er ausgebildeter Koch sein. „In der Küche war er schon top, ihm fehlte nur noch der letzte Block in der Berufsschule", sagt die 75-jährige Wirtin. Stattdessen kam Rafique im Polizeiauto nach Wien. Bereits einen Tag später saß er im Flieger nach Islamabad.

Heute, sieben Jahre später, steht Rafique nach langem Engagement seiner Chefin für ihn wieder als Koch in der „Hofstub'n". Was sie motivierte, sich so sehr für die Rückkehr ihres Lehrlings zu engagieren? „Ich habe das als eine so unglaubliche Ungerechtigkeit empfunden. So kann man doch mit Menschen nicht umgehen. Das kann man sich doch nicht gefallen lassen."

Hermine Hanke ist eine ungewöhnliche Frau. Sie hat drei verschiedene Berufe: einen kaufmännischen, einen in der Gastronomie und einen als Tischlerin. Vor 35 Jahren verliebte sie sich in einen alten Dreikanthof im kleinen Ort Stadlkirchen. Das Gebäude ist damals mehr Ruine als Bauernhof, all ihr Geld fließt in den Kauf. „Ich bin damals hier gesessen und habe geweint. Wie soll ich den ohne

Geld sanieren?", erzählt sie. Aufgeben ist aber keine Option. Also schaltet sie eine Annonce: „Tischlermeister gesucht!" Schon nach einem Tag meldet sich tatsächlich einer. Mit ihm baut sie am Hof eine große Tischlerei auf, fertigt Bauernstuben aus altem Holz an, verkauft sie auf Möbelmessen in München und Wien und renoviert nebenbei das Haus. „Weil mein großer Traum war immer ein feines Restaurant", sagt sie.

Im Oktober 1997 sperrt sie schließlich ihre „Hofstub'n" auf. Ein wunderschönes Restaurant mit viel altem Holz und einem Gastgarten, der schon mehrfach als schönster in seinem Bundesland ausgezeichnet wurde.

Im November 2015 bewirbt sich der junge Pakistani bei ihr als Kochlehrling. Gleich nach dem Vorstellungsgespräch habe sie ihm die Lehrstelle zugesagt, erzählt Hanke. Denn erstens seien Lehrlinge in der Gastronomie schwer zu finden, und zweitens sei gleich klar gewesen: Qamar passt gut in ihr Team. Und genau so passiert es auch: Er lernt schnell, ist engagiert, ein Kerl, den alle in der „Hofstub'n" gerne mögen – die Gäste ebenso wie die Kolleginnen und Kollegen.

All das nützt ihm nichts, als die Polizisten dastehen. Unter Polizeiaufsicht darf er sich noch schnell umziehen und eine kleine Tasche packen. Seine Chefin organisiert noch einen Anwalt, aber zu spät. Bereits 24 Stunden später ist ihr Lehrling abgeschoben.

„Dann ist die Auseinandersetzung so richtig losgegangen", sagt Hanke. Bald wird klar, dass er nur eine Chance hat zurückzukommen, wenn er einen Lehrabschluss hat. „Deshalb habe ich organisiert, dass er in einer internationalen Kochschule in Islamabad die Lehre abschließen und dazu auch noch Deutsch- und Englischkurse besuchen kann", erzählt sie. Das alles finanziert sie für ihren Lehrling.

Er erhält einen guten Abschluss. Aber Hanke steht vor dem nächsten Problem. „In Österreich wollten sie den Lehrabschluss einfach nicht anerkennen, obwohl er von einer international anerkannten Kochschule stammt", erzählt sie. Drei Mal reicht sie für die Rot-Weiß-Rot-Karte für ein Facharbeiter-Visum ein. Drei Mal kommt eine Ablehnung retour. „Dann habe ich mich zusammengepackt und bin persönlich mit allen Unterlagen zur Behörde nach Linz gefahren", erzählt sie. Dort gelingt es ihr endlich, eine Mitarbeiterin zu überzeugen, dass es sich um eine international anerkannte Kochschule handelt. Ihr Lehrling bekommt ein Arbeitsvisum und kann nach Österreich zurück. Das Flugticket zahlt ihm natürlich die Chefin. Mehrere tausend Euro kosteten sie ihre Bemühungen für die Rückkehr ihres Lehrlings. In den ganzen sechs Jahren blieb der Lehrplatz in Hankes Küche übrigens leer. „Mir wurde in dieser Zeit kein einziger Kochlehrling zugeteilt, die findet man heute kaum noch", sagt die Wirtin.

Würde sie sich diesen langen und teuren Kampf um ihren Lehrling rückblickend noch einmal antun? „Natürlich", sagt Hanke, „ich habe ihm doch damals, als die Polizisten bei uns in der Küche standen, versprochen: Ich hole dich wieder zurück."

Solidarität zeigen

Neben innenpolitischen Themen beschäftigen mein Mann und ich uns natürlich mit weltpolitischen Ereignissen. Regelmäßig sitzen wir am Abend zu Hause an unserem Esstisch, beide mit unseren Unterlagen für den nächsten Tag vor uns. Wann immer uns Themen und Ereignisse besonders betroffen machen, stellen mein Mann und ich uns immer dieselbe Frage: Wie kann man sinnvoll reagieren? Welches politische Zeichen können wir setzen?

Akzente setzen kann man zum Beispiel bei Staatsbesuchen, indem man bewusst entscheidet, welche Einrichtungen man besucht und damit einen inhaltlichen Fokus setzt.

Als wir im April 2018 auf Auslandsbesuch in Jordanien waren, besuchten wir das Flüchtlingscamp Zaatari nahe der Grenze zu Syrien. Etwa 80.000 geflüchtete Syrerinnen und Syrer sind dort untergebracht. Zaatari ist eines der größten Flüchtlingscamps der Welt. Seit dem Jahr 2012 hat es sich von einer Zeltstadt zu einer großen Siedlung gewandelt. Es gibt neben Schulen auch ein eigenes Fußballfeld, damit sich die Kinder ein bisschen bewegen und Sport machen können. Die Mitarbeiterinnen dort ermöglichen auch den muslimischen Mädchen, Fußball zu spielen. Weil diese bei ihrer sportlichen Betätigung nicht von Männern beobachtet werden wollen und sollen, hängen sie rund um das Spielfeld Tücher auf die Zäune. So haben die Mädchen ihre Privatsphäre und können herumtoben, ohne von den Männern gesehen zu werden.

Im Libanon besuchten wir mit Vertreterinnen und Vertretern des Österreichischen Roten Kreuzes auch das Flüchtlingscamp Haouch

El Nabi im Bekaa-Tal und sprachen mit aus Syrien geflüchteten Menschen.

Der Libanon ist das Land, das die allermeisten Kriegsflüchtlinge aus Syrien aufgenommen hat. Die Behörden dort sind sehr bemüht, menschenwürdige Bedingungen zu schaffen, aber trotzdem habe ich diesen Besuch als schlicht erschütternd in Erinnerung. Ich habe dort Menschen getroffen, die durch den Krieg alles verloren haben, Kinder, die ohne Familie ganz allein und auf sich gestellt sind, die schwer traumatisiert wurden. Sie haben Dinge erlebt, die kein Kind auf der Welt erleben sollte. Was ein Land wie der Libanon, das viel weniger reich ist als zum Beispiel Österreich, leistet, ist beeindruckend.

Zeichen setzen

Staatsbesuche oder offizielle Besuche laufen nach einem äußerst strengen Protokoll ab. Auf die offizielle Begrüßung mit militärischen Ehren, bei der eine Ehrenformation des österreichischen Bundesheeres den Gast willkommen heißt, folgt meist ein informelles Acht-Augen-Gespräch, bei dem die Partnerin oder der Partner anwesend ist. Dann folgt das Vier-Augen-Gespräch zwischen den Staatsoberhäuptern. Wie immer im Leben passt bei manchen Begegnungen die Chemie besser als bei anderen. Aber eigentlich findet man doch immer einen gewissen Draht zueinander. Nach diesem informellen Gespräch treffen die Delegationen beider Staaten zu ausführlichen Gesprächen zusammen. Dabei sitzen einander die Vertreterinnen und Vertreter der jeweiligen Länder gegenüber. Mit dabei sind in den meisten Fällen die Botschafterin oder der Botschafter der Länder sowie je nach aktuellem Schwerpunkt Außen- oder Wirtschaftsministerin oder -minister beider Länder. Parallel findet häufig ein getrenntes Programm mit der Partnerin oder dem Partner des Staatsgastes statt. All das wird im Vorfeld abgesprochen und man geht auf die inhaltlichen Schwerpunkte des Gastes ein, erkundigt sich vorher über die Person, studiert ihren Lebenslauf. Aber natürlich hat dieses erste Treffen ein bisschen etwas von einem Blind Date. Zu Beginn war das für mich sehr ungewohnt und ich war doch etwas unsicher. Aber recht schnell wird einem bewusst: Das sind genauso Menschen wie du und ich. Oft findet man Gemeinsamkeiten und manchmal entstehen sogar Freundschaften.

Insgesamt sind die Partnerinnen oder Partner von Staatsoberhäuptern heute viel stärker in Staatsbesuche eingebunden, als dies früher üblich war. Anfangs bedeutete das eine ziemliche Hürde für mich, weil mein Englisch nicht so gut ist, wie ich es mir wünschen würde. Natürlich habe ich in der Schule Englisch gelernt. Aber ich hatte nie einen Beruf, bei dem ich über einen längeren Zeitraum Englisch als Arbeitssprache hatte. Deshalb fehlt mir die Leichtigkeit, die viele junge Menschen heute haben, weil sie unglaublich mobil sind und in mehr als einer Sprache richtig sattelfest. Deshalb nehme ich regelmäßig Englischstunden und bekomme sogar Hausübungen von meiner Englischlehrerin, damit ich in Übung bleibe.

An der Seite eines Staatsoberhaupts zu sein, hat mein Leben sehr verändert. Das kann und möchte ich nicht kleinreden. Man führt über weite Strecken ein Leben in der Auslage. Umso wichtiger ist es, sich ein bisschen Privatsphäre zu bewahren. Mein Mann und ich achten darauf, auch unser „normales" Leben so gut wie möglich weiterzuführen. Wenn man das Gefühl hat, alles ist fremdbestimmt, kann man mit diesem Leben vielleicht unglücklich werden. Setzt man hingegen selbst Prioritäten und Schwerpunkte, bietet dieses neue Leben viele Chancen, um etwas bewegen zu können. Das empfinde ich als große Bereicherung.

Als wir zum Beispiel im Oktober 2021 zu einem offiziellen Besuch nach Polen reisten, gab es dort gerade große politische Auseinandersetzungen, weil unter der damaligen polnischen Regierung die ohnehin bereits restriktiven Abtreibungsregelungen nochmals massiv eingeschränkt worden waren. Zehntausende Frauen und auch Männer protestierten dagegen auf den Straßen. Neben dem offiziellen Programm traf ich Vertreterinnen polnischer Frauenorganisationen, die sich für das Recht auf Schwangerschaftsabbruch einsetzten und massiv unter Druck standen.

Was ich in solchen Situationen vor allem tun kann, ist, den Menschen meine Wertschätzung zu zeigen und Kontakte zu vermitteln. Ein Beispiel dafür war der Besuch in Polen. Zu diesen Treffen begleitete mich eine Vertreterin des Frauenservices der Stadt Wien, die Polnisch sprach. So entstand eine neue Möglichkeit des Austausches. Mich haben die polnischen Frauen, die trotz erheblichen Widerstands für ihre Frauenrechte eintraten, sehr berührt.

Eine weitere Begegnung, die einen tiefen Eindruck hinterlassen hat, fand im Februar 2024 in der Präsidentschaftskanzlei statt. Da trafen mein Mann und ich Jewgenija Kara-Mursa, die Ehefrau des russischen Oppositionellen Wladimir Wladimirowitsch Kara-Mursa. Ihr Mann war damals unter furchtbaren Bedingungen in einem russischen Straflager interniert. Sie berichtete uns über den Gesundheitszustand ihres Mannes und auch, welche Möglichkeiten es gibt, sie und die anderen Frauen der Gefangenen in Russland zu unterstützen. Wenn man solch furchtbare Dinge nicht nur in den Nachrichten sieht, sondern wie in diesem Fall die Ehefrau des Gefangenen persönlich kennenlernt, dann berührt es einen noch viel mehr.

Die Erleichterung war groß, als ihr Ehemann am 1. August 2024 im Rahmen eines Gefangenenaustauschs aus der russischen Haft entlassen wurde und zu seiner Familie fliegen konnte. Sie lebt aus Sicherheitsgründen in den USA.

Wenig später erhielten Wladimir Wladimirowitsch Kara-Mursa und seine Frau Jewgenija Kara-Mursa gemeinsam in Wien den Bruno-Kreisky-Preis für Menschenrechte. So konnten wir seine Frau wieder treffen und auch ihn persönlich kennenlernen. Wir waren beide vom Mut und der Kraft dieses Ehepaars sehr beeindruckt.

Frau, Leben, Freiheit

Als besonders einschneidend empfand ich den gewaltsamen Tod der iranischen Kurdin Jina Mahsa Amini, die nur 22 Jahre alt wurde.

Selfie beim Frauen-Netzwerktreffen im Juni 2022 in der Hofburg. Ganz vorne Auma Obama. Moderiert wurde die Veranstaltung von Miriam Labus, rechts im Bild

Sie wurde am 13. September 2022 von der iranischen Sittenpolizei verhaftet mit dem Vorwurf, sie habe ihre gesetzlich vorgeschriebene Kopfbedeckung nicht ordnungsgemäß getragen. Drei Tage später starb sie in Polizeigewahrsam an einem Schädel-Hirn-Trauma.

Um gegen dieses Unrecht, das eine junge Frau das Leben kostete und das von Frauen in Iran mit einer beeindruckenden Welle des Widerstands beantwortet wurde, zumindest ein symbolisches Zeichen zu setzen, widmeten wir unsere jährliche Veranstaltung zum Frauentag in der Hofburg im März 2023 den Frauen in Iran und in Afghanistan. Seit die Taliban im August 2021 die Macht in Afghanistan rückerobert haben, werden Frauen und Mädchen systematisch ihrer Menschenrechte beraubt. Der Zugang zur Bildung und zu den allermeisten Berufen wird ihnen verwehrt. Und ganz generell werden sie aus dem öffentlichen Leben verbannt.

Wir widmeten die Frauentag-Veranstaltung in diesem Jahr aber nicht nur den Frauen, die in Afghanistan und in Iran für ihre Rechte kämpfen. Wir luden viele iranische und afghanische Frauen ein. Zum Teil war Österreich erst seit kurzem ihre Heimat, zum Teil lebten sie schon sehr lange hier. Was uns besonders freute, war, dass bei dieser Veranstaltung erstmals Kontakte zwischen diesen beiden Gruppen engagierter Frauen geknüpft werden konnten. Diese Frauen kämpfen einen ähnlichen Kampf um ihre Rechte und unterstützen einander nun gegenseitig.

Genau so lautet auch das Ziel vieler meiner Bemühungen: Frauen miteinander bekannt zu machen, neue Verbindungen zu ermöglichen und zu hoffen, dass aus diesen Begegnungen neue, positive Beziehungen und Netzwerke entstehen. Gerade bei diesen Frauen war es mir persönlich wichtig, ihren Weg weiterzuverfolgen, um ihnen zu signalisieren: Auch wenn euer Schicksal und das Schicksal der Frauen in eurem Land aus den Medien verschwunden ist, wenn der Fokus der Öffentlichkeit nun woanders liegt: Wir haben euch nicht vergessen. Wir nehmen weiterhin Anteil an euren Kämpfen um eure Rechte als Frauen und wir stehen heute und in Zukunft an eurer Seite.

Jaleh Lackner-Gohari

*Kämpferin für Frauen-
und Menschenrechte*

Jaleh Lackner-Gohari

Ende 1955, kurz nachdem die letzten Soldaten der Alliierten ihre Rucksäcke gepackt hatten, landete Jaleh Lackner-Gohari in Wien. Grau in grau sei damals alles gewesen, als die erst 16-jährige Iranerin hier ihr Medizinstudium begann. Für die Matura hatte das Wunderkind aus Teheran zwei Schulklassen übersprungen, nach Wien brachte sie im Oktober 1955 ihre Liebe zur klassischen Musik und die Empfehlung eines Freundes der Eltern, der Wien und Berlin gut kannte und den Eltern riet, ihre Tochter für das Studium hierher zu schicken.

Heute zählt Lackner-Gohari, mittlerweile 85 Jahre alt, zu den wichtigsten Stimmen der mutigen Frauen aus dem Iran in Österreich. Seit 1979, seit in Iran die Islamische Revolution das Land in einen sogenannten „Gottesstaat" verwandelte, engagiert sie sich gemeinsam mit Gleichgesinnten für Iranerinnen und Iraner, die vor den islamischen Mullahs nach Österreich flüchteten, hält und organisiert Lesungen, Vorträge und andere Veranstaltungen des iranisch-demokratischen Widerstands.

Die islamische Republik Iran ist seit Jahrzehnten ein streng religiöser Staat, in dem ein Frauenleben weniger wert ist als ein Männerleben. Als Lackner-Gohari ihre erste Heimat Teheran verließ, war die Stadt eine weltoffene Metropole, „meine Mutter und meine Tanten waren alle westlich gekleidet, nur die Oma hatte immer ein weißes Kopftücherl an". Man feierte islamische Feste, „aber so, wie man in Wien eben Ostern und Weihnachten feiert", sagt Lackner-Gohari.

Im grauen Wien beendet sie ihr Medizinstudium, wird Fachärztin für interne Medizin mit dem Spezialgebieten infektologische Immunologie und Chemotherapie, arbeitet am Allgemeinen Krankenhaus. Zuvor lernt sie einen österreichischen Mitstudenten kennen, der später als Anästhesist arbeitet. Sie werden ein Paar, bekommen drei Kinder. Lackner-Gohari will auch als Mutter Ärztin bleiben. „Der erste Primar im AKH, den ich um einen Job bat, erklärte, eine Muslimin und noch dazu mehrfache Mutter habe auf seiner Station nichts zu suchen", erzählt Lackner-Gohari.

Gemeinsam mit ihrem Mann geht es 1971 beruflich nach New York und einige Jahre später nach Teheran, wo beide als Ärzte arbeiten. „Es war das Jahr vor der Islamischen Revolution", erinnert sie sich. „Ich habe damals an der Universität unterrichtet und anfangs nicht verstanden, wieso manche Studentinnen so komische Kopftücher trugen. Aber die standen damals schon unter dem Einfluss der Mujahedin, der islamistischen Kämpfer." In Iran regiert damals Schah Mohammad Reza Pahlavi mit harter Hand, es herrschen Zensur und Unterdrückung, so mancher, der gegen das Regime des Schahs ankämpfte, verschwand einfach. „Meine Familie, meine Freunde sagten zu mir: Wieso hast du diesen armen Mann aus Österreich hierhergebracht? Es ist schrecklich hier!" Das Leben dort habe sich angefühlt wie der letzte Tanz auf der Titanic. „Es brodelte schon damals spürbar im Untergrund." Sie selbst habe nicht wahrhaben wollen, was drohte. Zu schön sei das Gefühl gewesen, nach 20 Jahren endlich wieder in Teheran zu sein. „Aber mein Mann hat gesagt, es reicht, wir gehen zurück!"

Ein Jahr später, Lackner-Gohari ist gerade mit der Familie in Spanien auf Urlaub, bekommt sie einen Anruf aus ihrer alten Heimat. Es war der „Schwarze Freitag", den den Weg zur „Islamischen Revolution" ebnete: Bei einer Massendemonstration gegen den Schah fielen Schüsse, zahlreiche Menschen starben. Wenige Monate später, im Februar 1979, brach die Revolution aus.

Zwischen 1980 und ihrer Pensionierung im Jahr 2000 ist Jaleh Lackner-Gohari Medical Officer bei der internationalen Atomenergiebehörde und den Vereinten Nationen in Wien. Dort erfährt sie, dass die UNO eine Mission in Nachkriegsgebieten Jugoslawiens aufbaut, etwa in Vukovar, einer kroatischen Stadt, die während des Krieges schwer zerstört wurde. Es gelingt ihr, als Ärztin nach Vukovar mitzugehen und dort neben ihrem Job als einziger ziviler

Medical Officer mit Spendengeldern ein zerbombtes Spital beim Wiederaufbau zu unterstützen.

Zurück in Wien, organisiert Lackner-Gohari 2008 eine große Frauenkonferenz zur Situation von iranischen Frauen und auch eine Kinoreihe mit Filmen unabhängiger Regisseurinnen und Regisseure aus Iran. Bis heute veranstaltet die pensionierte Ärztin iranische Filmabende in Wiener Kinos. „Mir ist wichtig, den Menschen in Österreich zu erzählen, was in Iran passiert – nicht von der Politik, sondern vom Leben der Menschen dort", sagt sie. Immer wieder ist sie auch in der Hofburg zum Meinungsaustausch eingeladen.

In ihre frühere Heimat konnte sie zuletzt 2014 fliegen. „Als meine Eltern noch lebten, bin ich das Risiko einer Verhaftung bei der Einreise eingegangen, habe Kompromisse gemacht", sagt sie. Sie organisiert weiter Hilfe für Menschen, die aus Iran fliehen mussten. Eine Zeit lang zeigt sie ihr Gesicht nicht öffentlich. „Aber irgendwann habe ich mir gedacht: Man muss Farbe bekennen. Entweder ich engagiere ich mich ganz – oder gar nicht." Natürlich habe sie mehrfach Drohungen erlebt, „aber das ist der Preis und bisher ist alles gut gegangen". Die Hoffnung, dass sie ihre alte Heimat noch einmal besuchen könne, gibt es nicht. „Das wäre zu gefährlich. In einem iranischen Gefängnis zugrunde zu gehen, möchte ich weder mir noch meinen Kindern antun."

Ohne Hoffnung sei sie trotzdem nicht. „Die jungen Menschen des heutigen Iran, diese mutigen Frauen und Mädchen sind ganz anders als ich und meine Generation. Wir waren im Vergleich zu ihnen richtige Küken." Obwohl es in Iran keine Pressefreiheit gebe, könne das Regime den Zugang zum Internet nicht verhindern, sosehr die Mullahs dies auch versuchen. Im Internet sehen die jungen Iranerinnen und Iraner, wie frei Menschen in anderen Regionen der Welt leben. Und sie haben keine Angst. „Das gibt mir Hoffnung."

Unabhängig sein

Meine Mutter, Jahrgang 1940, besaß kein eigenes Bankkonto. Nach der Heirat haben meine Eltern, wie damals in Österreich und speziell am Land üblich, ihr Haus gebaut und die Mama blieb zu Hause bei den Kindern. Einmal, ich war längst eine erwachsene Frau, habe ich sie gefragt, ob sie sich eine eigene Bankomatkarte zulegen möchte. Sie hatte dieses Bedürfnis damals einfach nicht. Es war für sie völlig „normal", dass ihr Mann sich um die finanziellen Belange kümmert und sie für Haushalt und Kindererziehung verantwortlich ist.

Es mag vielleicht ungewöhnlich klingen, dass Frauen nicht einmal über eine Bankomatkarte und ihr eigenes Bankkonto verfügen. Besonders junge Frauen können sich das heute wohl kaum mehr vorstellen. Aber bis weit nach dem Zweiten Weltkrieg war der Mann in Österreich rechtlich das Oberhaupt der Familie. Er durfte in allen wirtschaftlichen Belangen über seine Frau bestimmen – auch gegen deren Willen. In Österreich dürfen Frauen erst seit dem Jahr 1957 überhaupt ein Konto bei einer Bank haben. Es ist also noch gar nicht so lange her, dass Frauen per Gesetz über ihr eigenes Geld verfügen können.

Von der Erkämpfung des Frauenwahlrechts in Österreich im Jahr 1918 und den Wahlen im Jahr 1919, an denen Frauen erstmals teilnehmen durften, hat es nochmals viele Jahrzehnte gedauert, bis die Frauen einen wichtigen Schritt in Richtung ökonomische Unabhängigkeit gehen konnten.

Finanzielle Unabhängigkeit

Bis in die 1970er-Jahre musste eine Frau ihren Ehemann um Erlaubnis bitten, wenn sie arbeiten gehen wollte – und er durfte es ihr verbieten. Das änderte erst die Familienrechtsreform, die zwischen 1975 und 1978 in Kraft trat. Dieses Gesetzeswerk war ein wesentlicher Schritt in Richtung Gleichstellung von Frauen in Österreich. So durften Frauen endlich auch ohne Zustimmung des Ehemanns einer Erwerbstätigkeit nachgehen. Heute ist das gar nicht mehr vorstellbar, aber erst durch diese damals unglaublich fortschrittlichen Gesetze konnte die Hälfte der Menschen, die in Österreich lebt, erstmals ihre finanzielle Situation selbst in die Hand nehmen. Weil auch das Sozialversicherungssystem zuvor ganz auf den Mann als Ernährer ausgerichtet war, blieben Frauen und auch die Kinder als Mitversicherte bis dahin ganz vom Mann abhängig.

Oft liest man, Frauen seien in finanziellen Belangen eher „konservativ" und würden viel stärker auf das klassische Sparbuch setzen als Männer. Ich denke, man sollte in solche Fragen durchaus die Überlegung mit einbeziehen, dass Frauen erst viel kürzer überhaupt die Möglichkeit haben, finanzielle Entscheidungen zu treffen, während dies für Männer stets selbstverständlich war. Abgesehen davon haben Frauen meist weniger Möglichkeit, Geld anzulegen. Das Brutto-Einkommen von ganzjährig in Vollzeit beschäftigten Frauen in Österreich lag 2022 mit 43.713 Euro im Median um 12,4 Prozent niedriger als jenes von ganzjährig in Vollzeit beschäftigten Männern, die durchschnittlich 49.902 Euro verdienten.[18]

Unabhängig davon, wie glücklich eine Ehe oder Beziehung auch sein mag: Bei einer Scheidungsrate von derzeit 36 Prozent und einer durchschnittlichen Ehedauer von etwas mehr als zehn Jahren sollte Frauen immer bewusst sein, dass der sichere Hafen der Ehe eine Täuschung sein kann. Dasselbe gilt natürlich auch für Beziehungen ohne Trauschein.

Meine Mutter hatte das Glück, dass sie mit meinem Vater ein Leben lang gut auskam. Im Gegensatz zu anderen Frauen ihrer Generation hat mein Vater nie ihr Haushaltsgeld als Druckmittel verwendet. Aber auch in harmonischen Beziehungen war die Frau in dieser Generation immer in der Rolle der Bittstellerin, der Abhängigen. Wenn sie zum Beispiel ein neues Kleidungsstück benötigte, musste sie ihren Mann um Geld bitten. Oder, was viele Frauen damals taten, weil es ihre einzige Chance auf ein bisschen ökonomische Unabhängigkeit bedeutete: vom Haushaltsgeld etwas ansparen, um sich so ein finanzielles Polster zu verschaffen, über das sie frei verfügen konnten. Wenn so viel Haushaltsgeld überhaupt vorhanden war.

Für sich selbst sah meine Mutter lange keine Notwendigkeit für ein eigenes Konto oder auch nur eine Bankomatkarte. Allerdings war es für sie wichtig, dass ihre Tochter einmal ihre eigene Pension haben soll. Immer wieder hat sie mir gesagt, ich solle unbedingt darauf achten, auch im Alter gut abgesichert zu sein. Dieser Wunsch entstand aus der Erfahrung, dass sie selbst nie einen eigenen Pensionsanspruch hatte. Umso wichtiger war ihr, dass ihre Tochter auch im Alter finanziell unabhängig ist.

Eine Initiative, die Frauen mit Migrationshintergrund erfolgreich in ein unabhängiges Leben begleitet, sind die „Nachbarinnen", die Christine Scholten und Renate Schnee vor vielen Jahren initiierten. Ich kenne Christine Scholten noch aus der Zeit, als sie als Ärztin in ihrer eigenen Praxis arbeitete. Im Jahr 2020 habe ich sie und ihre Mitstreiterinnen eingeladen. Damals veranstalteten wir in der Hofburg eine Art „Marktplatz", wo Frauenorganisationen ihre Projekte präsentierten und sich austauschten. Die „Nachbarinnen" begleiten Frauen, deren Familien oftmals sehr isoliert leben, und helfen ihnen so, sich in Österreich zu integrieren und auch finanziell auf eigenen Beinen zu stehen.

Bewusste Entscheidungen

Selbst in Beziehungen, die anfangs gleichberechtigt sind, verschiebt sich mit dem ersten Kind in vielen Fällen die Verteilung von bezahlter und unbezahlter Arbeit. Das beginnt schon bei der Babykarenz.

Die im Herbst 2024 veröffentlichten Zahlen zeigen, dass heute nicht mehr, sondern weniger Väter in Karenz gehen. Nur ein Prozent der Väter geht sechs Monate oder länger in Karenz. In 82 Prozent aller Fälle stemmt die Mutter die Babykarenz ganz allein. In keinem anderen EU-Land ist die Beteiligung der Väter an der Kleinkindbetreuung so gering wie in Österreich.

Sollen Väter sich mehr in der Kinderbetreuung engagieren, wird es dafür klare gesetzliche Maßnahmen brauchen. In Island gehen 96 Prozent der Väter in Karenz. Das liegt nicht unbedingt daran, dass die isländischen Männer so anders sind. Sondern daran, dass die isländische Gesellschaft so umgestaltet wurde, dass Väterkarenz einfach eine Selbstverständlichkeit ist. In Island können die Eltern nach der Geburt des Kindes insgesamt neun Monate Elternzeit nehmen. Den Zeitpunkt können sie flexibel bestimmen. Von diesen neun Monaten werden Mutter und Vater jeweils drei Monate Elternzeit bezahlt, die weiteren drei Monate können sie nach ihren eigenen Wünschen aufteilen. Natürlich müsste man überlegen, wie dieses Modell auf Österreich umgelegt werden kann. Aber für mich ist der wichtigste Aspekt, dass in Island beide Geschlechter zu gleichen Teilen Verantwortung für ihre Kinder übernehmen und auch Männer eine Zeit lang beruflich zurückstecken, um sich um die Kinder zu kümmern.

In Österreich arbeitet hingegen mehr als jede zweite Frau Teilzeit. Nicht immer, aber oftmals, weil es sonst unmöglich wäre, Job, Familie und Haushalt unter einen Hut zu bringen. Ist der Nachwuchs jünger als 15 Jahre, reduzieren sogar 70 Prozent der Mütter ihre Arbeitsstunden. Männer arbeiten hingegen viel seltener in Teilzeit. Natürlich möchte jeder, der Kinder hat, auch Zeit mit ihnen verbringen, möchte für sie da sein, sie aufwachsen sehen. Aber ist das wirklich ein Wunsch, den fast ausschließlich Frauen haben? Wäre es nicht für alle, für die Frauen, die Kinder und auch die Männer, besser, wenn es eine ausgeglichenere Teilzeitquote zwischen beiden Elternteilen gäbe? Es würden doch auch die Kinder davon profitieren, wenn ihre Väter mehr für sie da sein können.

Noch eines ist für die allermeisten Frauen wichtig: Jeder Euro, den sie während dieser Kindererziehungsjahre nicht verdienen, wirkt sich später negativ auf ihre Alterspension aus. Gemäß den Daten des Dachverbands der Sozialversicherungsträger betrugen die durchschnittlichen Alterspensionen 2023 bei Frauen 1.409 Euro brutto und bei den Männern 2.374 Euro brutto.[19] Somit liegen Frauenpensionen weit unter jenen von Männern.

Wenn jungen Menschen diese Tatsachen bereits in ihrer Ausbildung, etwa in der Schule, deutlich gemacht werden, dann treffen sie später vielleicht einige Entscheidungen, die ihr Beziehungs-, ihr Familien- und ihr Arbeitsleben betreffen, bewusster.

Die normalste Sache der Welt

Mein Vater war, wie damals üblich, der einzige Verdiener der Familie. Meine Mutter, selbst ausgebildete Erzieherin in der Schule, in der sie auch meinen Vater kennengelernt hatte, ist zu Hause bei uns Kindern geblieben. Dabei wäre sie gerne wieder arbeiten gegangen, als wir schon etwas größer waren. Sie hat ihren Job als Erzieherin von Kindern mit Behinderung nämlich geliebt. Und die Kinder sie. Aber es war in der damaligen Zeit noch so: Wenn der Ehemann der Herr Schuldirektor ist, dann hat die Frau es nicht nötig, arbeiten zu gehen. Wir waren also ein typisches Beispiel einer österreichischen Familie in den 1970er-Jahren.

Ich erinnere mich an viele Gespräche, die ich mit meinem Vater zum Thema Feminismus geführt habe. Wieso hast du mich als deine Tochter frei entscheiden lassen, welche Ausbildung ich einmal machen will? Bei mir hast du nie erwartet, dass ich einmal heiraten und zu Hause bleiben werde. Aber deiner Frau hast du nicht erlaubt, dass sie arbeiten geht, obwohl sie das wollte. Das waren nur einige der Gedanken, die mir durch den Kopf gingen, und ich hatte durchaus heftige Diskussionen mit meinem Vater. Diese Gespräche überhaupt geführt zu haben, bleibt mir positiv in Erinnerung, auch wenn wir den Widerspruch nicht auflösen konnten.

Dabei war meine Familie in anderen Bereichen, was Gleichstellung betrifft, für die damalige Zeit recht fortschrittlich. Zwischen meinem Bruder und mir gab es die typische Rollenverteilung in unserer Kindheit nicht. Bei uns war einfach klar, dass wir beide gleich viel im Haushalt mithelfen müssen. Zu tun war immer genug, denn meine Eltern waren sehr gesellige Menschen und wir hatten oft Besuch. Diese Eigenschaft habe ich von meinen Eltern geerbt. Bis heute bewirte ich oft und gerne meine Freunde und Freundinnen. Ich liebe es, für sie aufzukochen, und erfreue mich auch heute noch an der Errungenschaft des Geschirrspülers, der im Haushalt meiner Eltern erst mit der Pensionierung meines Vaters angeschafft wurde. Ich war damals 31 Jahre und längst aus dem Haus.

Meine Mutter hatte übrigens schließlich doch noch ihre eigene Bankomatkarte. Und nicht erst, nachdem mein Vater verstorben war. Irgendwann war sie dann so weit, dass sie sagte: „Jetzt möchte ich auch meine eigene Bankomatkarte haben." Und dann hat sie sich eine besorgt. Als wäre das für sie die normalste Sache der Welt.

Elham Agoosh

und

Christine Scholten

*Nachbarinnen helfen
Frauen aus der Isolation*

Elham Agoosh und Christine Scholten

„Jede Frau trägt einen Funken Freiheit in sich", sagt Christine Scholten. Dieser sei nur manchmal sehr tief verschüttet. Dieses Gefühl von Freiheit wieder zum Leuchten zu bringen, ist Aufgabe des Vereins „Nachbarinnen". Hier unterstützen Sozialassistentinnen Frauen mit Migrationshintergrund dabei, sich aus eigener Kraft aus der häuslichen Isolation zu befreien und in ein selbstbestimmtes, freies Leben zu kommen.

Schon vor vielen Jahren, Scholten ist Kardiologin und war damals noch in einer Kassenpraxis in einem ärmeren, migrantisch geprägten Teil von Wien tätig, fiel ihr auf, dass speziell türkischstämmige Patientinnen immer nur in Begleitung des Ehemanns oder der kleinen oder großen Söhne zu ihr kamen. Diese Frauen verstanden kein Deutsch, konnten nicht für sich sprechen, „ich konnte ihre Unfreiheit förmlich riechen und spüren", sagt Scholten. Die Ärztin begann, Türkisch zu lernen, damit sie direkt mit den Frauen ins Gespräch kommen konnte. „Aber es war viel mehr als die sprachliche Barriere, die zwischen uns stand."

Mit der Sozialarbeiterin Renate Schnee startete sie 2010 ein Pilotprojekt, um Migrantinnen, die völlig zurückgezogen lebten, in die Gesellschaft zu integrieren. Sie starteten in den Sozialbauten Am Schöpfwerk in Wien, und zwar gemeinsam mit einer Frau als erster „Nachbarin", die selbst aus der Türkei stammte. Die die Sprache und auch die Bräuche kannte; die selbst in der Community verankert ist.

Heute ist der Verein in ganz Wien aktiv. Die mittlerweile elf „Nachbarinnen" sind alle speziell geschult. Sie besuchen die Frauen und ihre Familien einmal pro Woche zu Hause, helfen bei Amtswegen, unterstützen bei Erziehungsfragen, helfen ihnen, auf eigenen Beinen zu stehen.

Wie es sich anfühlt, allein zu Hause zu sitzen, kennt Elham Agoosh aus eigener Erfahrung. „Als ich 2008 mit meinem Mann und den beiden Töchtern aus Iran nach Österreich zog, wollte ich die Wohnung gar nicht mehr verlassen", erzählt sie. „Ich verstand die Sprache nicht, wusste nicht, wie ich meine Töchter hier unterstützen und schützen kann, und entwickelte völlig irrationale Ängste." Sie überwindet ihre Angst, auch mit Unterstützung ihres Ehemanns, der sie ermutigt, das Haus zu verlassen und Kontakte zu knüpfen. Elham Agoosh beginnt, in einer persischsprachigen Selbsthilfegruppe zu arbeiten, kommt so in Kontakt zu den „Nachbarinnen", schließt bald darauf eine Ausbildung als Integrationscoach ab.

Heute unterstützt sie Frauen, die selbst noch nicht in einem neuen, eigenen Leben angekommen sind. Das beginnt bei Infos über Frauenrechte sowie das österreichische Familienrecht und geht bis zu gemeinsamen Ausflügen in Museen und an andere wichtige Orte, damit die Frauen die Gelegenheit bekommen, die Stadt, in der sie leben, kennenzulernen. Auch in der Präsidentschaftskanzlei waren die „Nachbarinnen" mit ihren Frauen bereits zu Gast.

Die „Nachbarinnen" sind in der afghanischen, arabischen, somalischen, tschetschenischen und türkischen Community aktiv. Die Frauen kommen entweder über Freundinnen zu den „Nachbarinnen", durch die Schulen ihrer Kinder oder auch vom Jugendamt vermittelt. „Gewalt ist ein großes Thema", sagt Elham Agoosh, „viele der Frauen sind es gewohnt zu leiden, die physische Gewalt still zu ertragen, und es fehlt ihnen auch eine Vorstellung davon, dass ständige Beschimpfungen durch ihre Männer auch eine Form von Gewalt sind." Die Nachbarinnen klären die Frauen über ihre Rechte auf, etwa dass man als Frau in Österreich bei einer Scheidung nicht automatisch die Obsorge verliert, wie es in Ländern wie Afghanistan oder Iran üblich ist, wo der Vater über die Kinder entscheiden darf.

„Unser Ziel ist aber nicht die Scheidung, sondern in erster Linie, dass die Familie es gemeinsam aus der Isolation schafft", sagt Scholten. Bei vielen der mittlerweile fast 4.500 Familien, die von den „Nachbarinnen" bereits betreut wurden, sei dies gelungen. „In den meisten Fällen wollen die Männer ihren Frauen nichts Böses", sagt Scholten, „aber sie merken gar nicht, wie schlecht es ihren Frauen geht, weil sie es nicht anders kennen." Manchmal sei bereits die einfache Frage „Siehst du gar nicht, was du deiner Frau und den Kindern antust?" ein Denkanstoß, der zu einer Veränderung führt.

Die „Nachbarinnen" unterstützen die Eltern auch beim Erlernen einer gewaltfreien Erziehung. „Und nach einiger Zeit sagen eigentlich alle, dass sich ihre Beziehung zu den Kindern signifikant verbessert hat", berichtet Sozialassistentin Elham Agoosh. Für Frauen haben die „Nachbarinnen" eine eigene Nähwerkstatt, in der sie fit für den Arbeitsmarkt werden. Auch das braucht es, um selbstständig zu sein.

Falls das alles nicht reicht, falls die Gewalt in der Familie nicht aufhört, helfen die „Nachbarinnen" bei der Trennung und stärken die Frauen in ihrer neuen Rolle als Alleinerzieherinnen.

Viel öfter machen sie aber mit den Frauen und Männern und auch den Kindern Deals aus, um in den Familien positive Veränderungen anzustoßen. Denn bei den „Nachbarinnen" basiert alles auf Vereinbarungen: Alle Familienmitglieder müssen Absprachen erfüllen, sowohl gegenüber den „Nachbarinnen" als auch innerhalb der Familie. „Das kann zum Beispiel sein, dass wir eine Lernunterstützung für die Kinder organisieren", sagt die Sozialassistentin, „aber dafür verpflichtet sich der Vater, regelmäßig mit den Kindern auf den Spielplatz zu gehen."

Wünschen würden sich die „Nachbarinnen", dass sie mit ihrem Hilfsangebot viel früher andocken könnten. „Viele Familien, die wir derzeit betreuen, sind 2015 nach Österreich geflüchtet", sagt Christine Scholten. „Je länger die Familien Sozialhilfe beziehen, desto schwieriger ist es, sie in einen Job zu bekommen." Aber dass Familien eine solche Starthilfe gleich nach ihrer Ankunft in Österreich erhalten, ist derzeit nicht vorgesehen. „Und wir haben eine extrem lange Warteliste an Familien, die gerne unsere Unterstützung hätten."

Meist würden wenige Monate Begleitung durch eine „Nachbarin" ausreichen, um einer Familie aus der Isolation zu helfen, erzählt Elham Agoosh. Zum Beispiel bei der afghanischen Familie, die herausfand, dass ihre Tochter ein Mädchen liebt. In Afghanistan, wo die Familie herkommt, ist das eine Todsünde. „Als Erstes hat die Familie ihre Tochter verstoßen", erzählt Elham Agoosh. Aber in vielen, vielen Gesprächen mit der Mutter sei es gelungen, wieder ein gutes Verhältnis zueinander aufzubauen. „Heute ist sie sehr stolz auf ihre Tochter, obwohl sie offen lesbisch ist."

Mit Juma Xipaia, Häuptling des indigenen Volkes der Xipaya im brasilianischen Amazonasgebiet, und Angie Rattay (Mitte) bei den Erdgesprächen 2022

Die Geburtslotterie

Die „Geburtslotterie" hat es mit meinem Bruder Peter und mir gut gemeint. Wir hatten das Glück, mit liebevollen Eltern aufzuwachsen. Meine Eltern waren nicht reich, aber es war immer alles vorhanden, was wir Kinder benötigten. Wir waren kaum auf Urlaub, das lag außerhalb der finanziellen Möglichkeiten unserer Familie. Damals, in den 1970er-Jahren, fiel das nicht auf, das war schließlich bei den meisten in unserem Städtchen nicht anders. Es war ganz normal, die Ferien zu Hause zu verbringen. In manchen Sommerferien nahmen unsere Tante und unser Onkel abwechselnd meinen Bruder oder mich mit zum Campingurlaub ans Meer. Weil meine Mutter ab meiner Geburt als Hausfrau bei den Kindern blieb, musste das Gehalt meines Vaters für die ganze Familie reichen.

Richtig bewusst wurde mir das Glück, in einem liebevollen Elternhaus aufgewachsen zu sein, erst, als ich Anfang der 1980er Jahre mit 16 oder 17 Jahren einen Ferialjob als Kinderaufpasserin in einem Sommerlager in Oberösterreich hatte. Heute würde man natürlich nicht Aufpasserin sagen, aber ich möchte mich auch nicht zur Kinderbetreuerin oder gar Pädagogin machen. Das war ich nicht. Ich war einfach ein junges Mädchen, das in den Ferien eine interessante Tätigkeit kennenlernen und etwas dazuverdienen wollte. Bis auf ein kurzes Schulungswochenende fehlte mir natürlich eine formale Ausbildung. Unter pädagogischer Aufsicht wurden uns schließlich Kindergruppen anvertraut.

In diesem Sommerlager hatte ich zum ersten Mal mit Kindern zu tun, die in der Geburtslotterie wahrlich nicht das große Los gezogen hatten. Dort verbrachten nämlich unter anderem Kinder aus schwierigen sozialen Verhältnissen ihre Ferien. Ich hatte erstmals mit Kindern zu tun, die anfangs völlig überfordert waren, weil sie überhaupt nicht wussten, wie ganz normales Spielen funktioniert. Sei es in der Puppenküche, mit Bauklötzen, Brettspielen oder Ähnlichem. Das war diesen Kindern völlig unbekannt. Ich kann mir das nur so erklären, dass sich zuvor nie ein Vater oder eine Mutter mit ihnen hingesetzt und etwas gespielt hatte.

Obwohl meine Zeit in diesem Ferienlager mittlerweile mehr als 40 Jahre her ist, habe ich noch ein ganz konkretes Bild davon. Manche dieser Kinder rissen die Spielsachen, die in Kisten geordnet bereitstanden, an sich und schmissen sie einfach aus dem Fenster. Rückblickend denke ich, diese Kinder waren mit dieser für sie unbekannten Spielsituation derart überfordert, dass für manche von ihnen kein anderer Ausweg blieb, als ihre Verzweiflung durch Aggression auszudrücken. Ich war anfangs davon schlicht überfordert. Selbst noch Teenagerin, hatte ich kaum Erfahrung mit Kindern. Und dazu noch mit solchen, denen das Leben schon in ihren ersten Jahren so übel mitgespielt hatte.

Umso schöner war es, zu erleben, dass man auch diesen Kindern, die es so schwer hatten, Spiele beibringen, ihre Neugierde wecken und sie zum Lachen bringen konnte. Manchmal waren es auch einfach nur schöne Momente, die wir Betreuerinnen und die Kinder gemeinsam erlebten, etwa wenn die Kinder ganz fröhlich und gelöst schaukelten und den Wind im Gesicht spürten.

Pyjamaparty in der Hofburg

Leider gibt es auch heute noch Kinder in Österreich, die viel zu wenig Zuwendung bekommen. Anlässlich des 30-jährigen Jubiläums des Beschlusses der UN-Kinderrechtskonvention ließen wir uns in der Präsidentschaftskanzlei etwas Besonderes einfallen.

Um darauf aufmerksam zu machen, dass Kinderrechte bis heute auch in Österreich verletzt werden, luden wir im November 2019 zu einer Pyjamaparty in die Präsidentschaftskanzlei. Im zweiten Stock richteten wir für 30 Buben und Mädchen aus den SOS Kinderdörfern ein Matratzenlager ein. Jede kleine Besucherin, jeder kleine Besucher bekam einen Schlafsack und eine Isomatte, ihr Lieblingskuscheltier und den Pyjama hatten sie selbst dabei. Einen „historischen Moment" nannte der Bundespräsident diese Nacht. Schließlich hatten zuvor noch nie Kinder in der Präsidentschaftskanzlei übernachtet. Und die Zeiten, als sich die vielen Kinder von Kaiserin Maria Theresia hier tummelten, sind auch schon lange vorbei.

Wir haben diese Pyjamaparty nicht nur veranstaltet, weil es großen Spaß machte, die Kinder durch die Hofburg zu führen, mit ihnen zu spielen, zu Abend zu essen – natürlich Schnitzel, Spaghetti und Kaiserschmarren – und ihnen dann noch eine Gutenachtgeschichte vorzulesen. Wir wollten mit dieser Aktion die Öffentlichkeit darauf aufmerksam machen, dass Österreich zwar die UN-Kinderrechtskonvention 30 Jahre zuvor unterzeichnet hatte, Kinderrechte in Österreich aber leider immer noch nicht vollständig erfüllt werden. So steht etwa in der Kinderrechtskonvention, dass bei Entscheidungen, die Kinder betreffen, immer das Kindswohl ein vorrangiges Kriterium sein müsse. Oder auch, dass alle Kinder ein Recht auf bestmögliche Entfaltung haben und dass Kinder in Entscheidungen, die sie betreffen, angemessen eingebunden werden sollen und auch ihre Meinung äußern dürfen.

Als diese Buben und Mädchen bei uns in der Hofburg übernachteten, musste ich seit langem wieder einmal an die Kinder denken, die ich bei meinem ersten Ferienjob kennengelernt hatte. Ich fragte mich, was aus ihnen wohl geworden war. Ich hatte in diesen Sommerwochen viel gelernt. Ich konnte sehen, wie die Kinder, die zuvor so viel Schlimmes erlebt hatten, allein durch das bisschen an Aufmerksamkeit und Zuneigung, die sie von uns erhielten, aufblühten. Gleichzeitig war es für mich auch das erste Mal, dass ich mir die Frage stellte, welche Chancen diese Kinder haben könnten, wenn es für sie mehr Zuneigung und Unterstützung gäbe.

Bis heute entscheidet in Österreich der Bildungsabschluss der Eltern, welchen Bildungsabschluss die Kinder einmal haben. Formale Bildung wird also bei uns sehr stark vererbt.

Bis heute macht nur eines von zehn Kindern, deren Eltern einen Pflichtschulabschluss haben, die Matura oder absolviert ein Studium. Aber sechs von zehn Kindern aus Akademikerfamilien schließen ein Studium ab.[20] Können also Kinder von Akademikerinnen und Akademikern besser rechnen? Nein. Sind also Kinder von Nicht-Akademikerinnen und Nicht-Akademikern bessere Handwerkerinnen und Handwerker? Nein. Aber nicht alle Kinder haben Zugang zu denselben Bildungsmöglichkeiten.

Hier zeigen sich jedoch Veränderungen zum Positiven. Das legt zumindest die Studierenden-Sozialerhebung 2023[21] nahe. Mittlerweile sind mehr als die Hälfte der Studienanfängerinnen und -anfänger sogenannte „First Generation"-Studierende. Das heißt, sie sind die Ersten in ihrer Familie, die an einer Universität oder Fachhochschule ein Studium beginnen. Allerdings sind auch die Hochschulen von Bildungsgerechtigkeit weiterhin weit entfernt: Die Wahrscheinlichkeit, dass ein junger Mensch an eine Universität oder Fachhochschule kommt, ist bei jenen, bei denen zumindest ein Elternteil über eine Matura verfügt, immer noch 2,5-mal so hoch wie für jene, bei denen kein Elternteil die Matura hat.

Ob Köchin oder Raketenwissenschaftlerin, ob Gärtner oder Steuerberater: Bildungsgerechtigkeit ist erst gegeben, wenn jedes Kind unabhängig von Herkunft und Geschlecht dieselben Chancen und Möglichkeiten erhält, den eigenen Berufswunsch auch Wirklichkeit werden zu lassen. Genau das möchte Dorith Salvarani-Drill mit ihrer Initiative FREI.Spiel verwirklichen.

Dorith Salvarani-Drill

mit Engagement
für Bildungsgerechtigkeit

Dorith Salvarani-Drill

Wie es sich anfühlt, eine Außenseiterin zu sein, muss Dorith Salvarani-Drill niemand erklären. Sie hat es als Kind lange genug am eigenen Leib erlebt: als Jüdin, als aus Israel Zugereiste, als Kind, das mit den Eltern aufs Land zieht, aber nur Hochdeutsch, keinen Dialekt spricht.

Salvarani-Drill kommt im Jahr 1960 als Kind von NS-Überlebenden in Israel zur Welt. Der Vater war acht Jahre alt, als er von den Nationalsozialisten vertrieben wurde, die Mutter wird gemeinsam mit ihrer elfjährigen Schwester von den Eltern mit dem Schiff über das Mittelmeer in das sichere Exil geschickt.

Die Eltern heiraten in Israel, bleiben dort aber nur einige Jahre. 1963 ziehen sie nach Österreich. Mit dreieinhalb Jahren wird so aus dem israelischen Mädchen Dorith eine Österreicherin. Kurz vor ihrem sechsten Geburtstag zieht ihre Familie von Wien aufs Land. Sie wird in der Dorfschule einer kleinen Gemeinde eingeschult. Gleich dahinter lag damals der Eiserne Vorhang. „Jeden Tag wurde in der Klasse laut das Vaterunser gebetet, und ich stand daneben und wusste nicht, wo ich hinschauen soll", erinnert sie sich. Vom ersten Tag an habe sie sich dort als Fremdkörper gefühlt.

Nicht ganz so fremd fühlt sie sich erst, als sie in der Oberstufe in ein städtisches Wiener Gymnasium wechselt. Sie absolviert die Matura, studiert Jus, macht Karriere im Bankwesen, gründet eine Familie.

Aber eines Tages beschleicht sie wieder dieses unangenehme Gefühl, das sie noch aus ihrer eigenen Kindheit kennt. Es ist die Zeit, als ihr eigener Sohn von der Volksschule ins Gymnasium wechselt. In der Volksschulklasse sitzen auch einige Klassenkameradinnen, die als Flüchtlingskinder aus dem ehemaligen Jugoslawien nach Wien kamen. Zur Zeit des Jugoslawienkriegs flüchteten allein aus Bosnien-Herzegowina etwa 90.000 Menschen nach Österreich.

„Speziell die Mädels waren superhelle Köpfe, bei denen man spüren konnte, welch Potenzial in ihnen steckt", erinnert sich Salvarani-Drill.

Ein paar dieser geflüchteten Mädchen schaffen die Aufnahme ins Gymnasium. Doch dann bemerkt Salvarani-Drill, dass sich deren schulische Leistungen rasch verschlechtern. Sie müssen das Gymnasium verlassen. „Auch für meinen Sohn war der Übertritt von der Volksschule ins Gymnasium eine Umstellung", sagt Salvarani-Drill, „aber mein Mann und ich haben ihn nach der Arbeit oft bei den Hausübungen unterstützt und für Schularbeiten und Tests gelernt." Den Mädchen aus dem Krieg fehlt diese Unterstützung. Ihre Eltern sprechen noch zu wenig Deutsch, um den Kindern helfen zu können.

Jahre später, rund um ihren 50. Geburtstag, denkt Salvarani-Drill wieder an die klugen Mädchen von damals. Sie ist zwar beruflich erfolgreich, aber spürt: Es wird Zeit, noch etwas anderes im Leben zu probieren. Sie hängt ihren gut bezahlten Job an den Nagel, um sich für benachteiligte Kinder zu engagieren. Kurz zuvor hat sie von einem Projekt in Linz gehört, bei dem Freiwillige in Horteinrichtungen gehen, um dort mit Kindern zu spielen und sie beim Lernen zu unterstützen. Sofort schlägt die Managerin bei ihr durch: Ein solches Projekt benötigt keine eigenen Räumlichkeiten, alle anderen Ressourcen wie Spielsachen und Lernbehelfe sind bereits im Hort vorhanden. Nur die Ressourcen Zeit, Zuwendung und Aufmerksamkeit müssen noch bereitgestellt werden.

So entsteht im Herbst 2013 FREI.Spiel. Unterstützung für Kinder, die diese Hilfe zu Hause nicht haben, so lautet die Idee. Zum Start geht sie mit anderen, die sie von ihrer Idee überzeugen kann, probeweise in einen Hort im 10. Wiener Gemeindebezirk. Anfangs sitzt Salvarani-Drill selbst einen Nachmittag pro Woche im Hort, spielt mit den Kindern Karten, bastelt und hilft ihnen bei Hausaufgaben. Sie sei damals selbst überrascht gewesen, wie viel Freude es Kindern macht, wenn jemand sie regelmäßig besucht und ihnen Zeit und Aufmerksamkeit schenkt. Da sei zum Beispiel ein Bub gewesen, ein richtiger Vifzack, „aber weil sein Deutsch noch nicht so gut war, scheiterte er in Mathematik an der Textangabe. Kaum hatte ich ihm alles noch einmal langsam und genau erklärt, leuchteten seine Augen und man konnte sehen, wie er verstanden hat, wie die Rechnung geht."

Was folgt, ist eine einzige Erfolgsgeschichte. Bereits während des Probemonats spricht sich das innovative Projekt herum. Immer mehr Horte klopfen an. Seit 2016 ist FREI.Spiel auch in Wiener Schulen angekommen. Sechs Jahre später folgen Kindergärten sowie Schulen in Niederösterreich.

Mittlerweile sind etwa 300 ehrenamtliche Freispielerinnen und Freispieler in 120 Bildungseinrichtungen in Wien und Niederösterreich aktiv. Alle Bewerberinnen und Bewerber müssen ein Vorstrafenregister vorlegen, werden in einem persönlichen Aufnahmegespräch nach ihrer Motivation abgeklopft und sollten zumindest ein Schuljahr lang einmal pro Woche ihren Hort oder ihre Schule besuchen. Sehr viel Augenmerk wird auch darauf gelegt, dass die Chemie zwischen den Pädagoginnen und Pädagogen und den Freiwilligen stimmt. In regelmäßigen Reflexionsrunden können sich die Helferinnen und Helfer austauschen, in kostenlosen Weiterbildungsangeboten erfahren sie, wie man die Kinder am besten unterstützen kann, etwa was Kindern beim Spracherwerb hilft.

„Viele unserer Freiwilligen sind Frauen, die schon in Pension sind oder Teilzeit arbeiten und in ihrer Freizeit etwas Sinnvolles tun wollen", erzählt Salvarani-Drill. Aber auch Studentinnen und Studenten engagieren sich bei FREI.Spiel, weil sie einen Beitrag zu mehr Bildungsgerechtigkeit in Österreich leisten wollen. Allein im Schuljahr 2023/2024 investierten die Freispielerinnen und Freispieler 20.400 Stunden Zeit und Engagement in Kinder. Es gibt noch viele, die ebenso Hilfe benötigen würden. Derzeit stehen etwa 100 Kindergärten, Schulen oder Horte auf der Warteliste von FREI.Spiel.

Bald steht bei Salvarani-Drill wieder ein besonderer Geburtstag an. Es geht Richtung 65, langsam wird es Zeit, etwas kürzerzutreten. Aber was soll aus dem Projekt werden, das doch so eng mit seiner Gründerin verbunden ist? Wieder schlägt die Managerin in ihr durch. Ihr Verein finanziert sich vor allem aus Spenden. Von all dem, was sie in den vergangenen Jahren aufgebaut hat, war die Finanzierung stets am schwierigsten. Einer derart kleinen NGO fehlt es an Geld, um sich eine Fundraising-Abteilung leisten zu können. Hinzu kam, dass der Verein so schnell gewachsen ist, dass es nötig war, die Strukturen der neuen Größe anzupassen.

Weil FREI.Spiel so ein großer Erfolg für die Kinder ist, interessiert sich die Caritas dafür, das Projekt zu übernehmen. Inhaltlich bleibt alles so wie gehabt. Salvarani-Drills Team arbeitet weiter an der konzeptionellen und inhaltlichen Gestaltung. Durch die Übernahme des Projektes durch die Caritas ist die Weiterführung gesichert. Und die FREI.Spiel-Gründerin kann sich beruhigt in die Pension verabschieden.

Mit Behinderung leben

Mein Bruder und ich waren in unserer Kindheit häufig zu Besuch in der Sonderschule in unserem Ort, die unser Vater von 1975 bis 1994 leitete. Bei allen Feiern, bei Geburtstagen, zum Nikolo, zu Weihnachten oder beim Faschingsfest, waren wir liebend gerne dabei. Unser Vater hat uns selbstverständlich mitgenommen, auch zur Freude der Klosterschwestern, die das angeschlossene Wohnheim leiteten. Heute trägt diese Schule den Namen Johann-Eisterer-Landesschule, unmittelbar daneben befindet sich die Caritas-Einrichtung St. Pius.

In dieser Schule wurden körperlich und geistig schwerstbehinderte Kinder unterrichtet. Ich bin überzeugt, dass mich das Aufwachsen mit diesen Kindern positiv geprägt hat. Ich war oft bei ihren Schulaufführungen und habe gesehen, was Kinder mit Behinderung alles können, welche Talente sie haben, habe miterlebt, wie sie musizieren, Gedichte vorlesen oder Theater spielen. Manche dieser Kinder von damals haben meine Eltern auch als Erwachsene noch oft bei uns zu Hause besucht.

Im Frühjahr 2020 besuchte ich auf Einladung von Maria Katharina Moser, der Direktorin der Diakonie Österreich, das Diakoniezentrum in Gallneukirchen. Dort lernte ich die inklusive Theatergruppe „Malaria" kennen.

Ich sah damals Auszüge aus einem Krimi, den die Schauspielerinnen und Schauspieler gerade einstudierten, und war beeindruckt von ihrem Können und ihrer mitreißenden Performance. Imponiert hat mir auch ihr Umgang mit Corona, den mir Maria Katharina Moser später schilderte. Anstatt andere zu umarmen, was aufgrund der Infektionsgefahr damals nicht möglich war, haben sich die Menschen in diesem Zentrum ein schönes Ritual überlegt. Sie umarmten sich selbst, um symbolisch zu zeigen: Ich schließe dich in meine Arme.

Großartig sind auch die sportlichen Leistungen der Teilnehmerinnen und Teilnehmer der Paralympischen Spiele. Der traditionelle Empfang in der Hofburg nach ihrer Rückkehr von den Spielen gehört zu unseren Highlights. 2021 eröffnete der Bundespräsident die 20. Österreichischen Stocksportmeisterschaften der Special Olympics, die ausgerechnet in meinem Heimatort Peuerbach stattfanden. Da traf ich eine Frau wieder, die ich noch aus meiner Jugend kannte. Sie war in die Schule meines Vaters gegangen und ist eine begnadete Musikerin, die heute nach erfolgreicher Peer-Ausbildung in dieser Caritas-Einrichtung in Peuerbach arbeitet.

Für ein positives Miteinander

Aus der Zeit, als mein Vater Schuldirektor war, ist mir ein spezieller letzter Schultag vor den Sommerferien in Erinnerung geblieben. Kaum war unsere Schule aus, sind mein Bruder und ich zu unserem Vater in die Schule gelaufen. Für uns war das damals der schönste Tag des Jahres. Endlich lange Ferien, endlich zu Hause bei den Eltern.

Auch vor der Sonderschule warteten Eltern. Aber nicht alle Kinder wurden für die großen Ferien abgeholt. Ich weiß noch, wie sehr mich das als Kind berührt und verstört hat. Manche der Kinder mussten zusehen, wie ihre Klassenkolleginnen und -kollegen über die Ferien nach Hause fahren durften. Und niemand kam, um sie selbst nach Hause zu holen. Sie mussten die Ferien im Wohnheim der Schule verbringen.

Die 2022 verstorbene grüne Abgeordnete Theresia Haidlmayr, die lange Zeit die Sprecherin für Menschen mit Behinderung der Grünen im Parlament war, hat sich stets empört über große Wohneinrichtungen für Menschen mit Behinderungen, wie es eben auch das Wohnheim in Peuerbach war – durchaus zu Recht. Aber ich habe mir immer gedacht: Wo sollen diese Kinder, die niemand abholt, denn sonst hin?

In Peuerbach waren anfangs nicht alle Bewohnerinnen und Bewohner einverstanden, als die Sonderschule nach dem Zweiten Weltkrieg eröffnet worden war. Meine Mutter hat mir später erzählt, wenn sie als Erzieherin mit den Kindern mit Behinderung durch den Ort spazierte oder die Kirche besuchte, seien immer wieder Passantinnen und Passanten ausgewichen und ließen sie spüren, dass solche Kinder hier nicht erwünscht waren.

Heute ist diese ehemalige Sonderschule eine integrative Schule, die von Kindern mit und ohne Behinderung gemeinsam besucht wird. Für mich ist sie ein Beispiel dafür, wie ein Miteinander positiv gelebt werden kann. Denn nur durch den Kontakt mit Menschen, die anders sind, die eine Beeinträchtigung haben, können Vorurteile abgebaut werden.

Die Tochter einer guten Freundin kam mit einer leichten spastischen Lähmung zur Welt. Mittlerweile ist sie eine erwachsene Frau. Als meine Freundin vor vielen Jahren ihre Tochter in die Volksschule einschreiben lassen wollte, erhielt sie nur Ablehnungen. Es hieß, sie solle ihr Kind in der Sonderschule einschreiben. Dabei war es ein kluges Kind, das eben eine Beeinträchtigung hat. Meine Freundin war verzweifelt. Nach langer Suche fand sich schließlich eine katholische Schule, die das Mädchen aufnahm. Nach einiger Zeit meldete die Schule zurück, dass nicht nur das Mädchen sehr profitiere. Auch die Sozialkompetenz der Mitschülerinnen und Mitschüler habe sich verbessert. Denn das Mädchen benötigte natürlich da und dort Unterstützung und die anderen Kinder halfen ihr. So lernten alle voneinander.

Die Präsidentschaftskanzlei lädt jedes Jahr Menschen mit Behinderungen zu einer großen Weihnachtsfeier. Das ist eine langjährige Tradition in der Präsidentschaftskanzlei, die vom damaligen Bundespräsidenten Thomas Klestil in den 1990er-Jahren initiiert wurde. Heute ist diese Feier ein wichtiges Netzwerktreffen, zu dem wir die verschiedensten Behindertenorganisationen und -initiativen einladen.

Bei einer dieser Veranstaltungen habe ich mit einer jungen Frau gesprochen, die stolz erzählt hat, dass sie ihren Therapiehund selbst ausgebildet hat. Sie kann trotz ihrer Beeinträchtigung allein und selbstständig leben, weil der Hund so trainiert ist, dass er sofort bemerkt, wenn sie nicht regelmäßig atmet. Dann stupst er sie an und weckt sie auf. Wir wollen mit der alljährlichen Feier auch Bewusstsein dafür schaffen, wie es behinderten Menschen gelingen kann, selbstbestimmt zu leben.

Gleiches Recht für wirklich alle

Unmittelbar vor dieser Veranstaltung findet alljährlich auch ein Treffen mit der Behindertenanwältin oder dem Behindertenanwalt, Vertreterinnen und Vertretern des Österreichischen Behindertenrats und der Sozialministerin oder dem Sozialminister statt. Jedes Jahr hören wir dort von denselben Themen, von denselben Problemen, für die es immer noch keine Lösung gibt. Seien es Kindergarten- und Schulplätze für Kinder mit Behinderung, seien es der Zugang zum Arbeitsmarkt oder insgesamt die Teilhabe am gesellschaftlichen Leben. Mir erzählen regelmäßig Eltern von Kindern mit Behinderung, wie sehr sie sich in die Rolle von Bittstellern gedrängt fühlen, nur weil sie das tun, was für Eltern selbstverständlich sein sollte: sich für den Anspruch ihres Kindes auf einen passenden Kindergarten- oder Schulplatz einzusetzen, und dafür, dass auch ihr Kind sich bestmöglich entwickeln und seine oder ihre Talente entfalten kann.

Jedes Mal, wenn wir rund um Weihnachten diese Gespräche führen, denke ich mir: Menschen mit Beeinträchtigungen sind ein wichtiger Teil unserer Gesellschaft. Wieso gelingt es uns nicht, diese Probleme gemeinsam mit ihnen zu lösen? Was hält uns davon ab? Das muss es uns als Gesellschaft doch wert sein, dass wir Menschen mit Behinderungen auf Augenhöhe begegnen und darauf achten, dass auch sie selbstverständlich ihren Platz in der Mitte unserer Gesellschaft einnehmen können.

Dies zu ermöglichen ist an und für sich auch eine gesetzliche Verpflichtung. In Österreich trat die Behindertenrechtskonvention der Vereinten Nationen im Oktober 2008 in Kraft. In der Gesetzgebung und in der Verwaltung haben wir uns verpflichtet, Menschen mit Behinderung ein gleichberechtigtes Leben zu ermöglichen und sie vor jeglicher Form der Diskriminierung zu schützen.

Was braucht es dazu? Im Herbst 2024 hörte ich auf einer vom Österreichischen Behindertenrat veranstalteten Konferenz eine spannende Keynote Speech des Mediziners Johannes Fellinger. Er ist Neurologe und hat im Krankenhaus der Barmherzigen Brüder in Linz eine Spezialambulanz für Menschen mit mehrfachen Behinderungen aufgebaut und ist ein Pionier in diesem Bereich. In Österreich, erklärte der Mediziner, haben Menschen mit Behinderung im Vergleich zu Menschen ohne Behinderung eine um etwa 20 Jahre verkürzte Lebenserwartung. Nicht, weil sie eine Behinderung haben, sondern weil sie in vielen Fällen nicht die passende medizinische Behandlung erhalten.

Weil es auch vielen Ärztinnen und Ärzten oftmals an Information zum Umgang mit Menschen mit Behinderung mangelt, weil es Kommunikationsbarrieren gibt oder einfach auch, weil Berührungsängste zu Menschen mit Behinderung vorhanden sind. „Jeder Mensch, auch der behinderte Mensch oder der alte und kranke Mensch, liebt das Leben", sagte der Mediziner Fellinger am Ende seines Vortrags. Und jeder Mensch hat das Recht auf eine passende medizinische Behandlung, um ein möglichst langes und glückliches Leben führen zu können.

Der Schlüssel ist Sichtbarkeit

Menschen mit Behinderung kommen auch in den Medien viel weniger vor, als es der Größe dieser Personengruppe entspricht. Die Statistik Austria zählt in Österreich etwa 760.000 Menschen mit einer registrierten Behinderung. Das entspricht einem Bevölkerungsanteil von 8,3 Prozent. Aber in den Nachrichten und Magazinen sieht man diese Menschen sehr selten, und wenn doch, dann bezieht sich die Hälfte der Berichterstattung auf nur zwei Themen: Paralympics und Charity-Events. „Vor allem Letztere begünstigen klischeehafte Inszenierungen von Menschen mit Behinderung als bemitleidenswerte Opfer oder Bittstellerinnen und Bittsteller", heißt es in einer Studie[22] über Menschen mit Behinderung und Inklusion in österreichischen Massenmedien. Hinzu kommt, dass Frauen mit Behinderung medial stark unterrepräsentiert sind. In nur 32 Prozent der untersuchten Medienberichte über Menschen mit Behinderungen kommen Frauen vor.

Warum ist diese Sichtbarkeit so wichtig? „Die Vertragsstaaten anerkennen, dass Frauen und Mädchen mit Behinderungen mehrfacher Diskriminierung ausgesetzt sind, und ergreifen in dieser Hinsicht Maßnahmen, um zu gewährleisten, dass sie alle Menschenrechte und Grundfreiheiten voll und gleichberechtigt genießen können." So lautet Artikel 6 der UN-Behindertenkonvention. Davon sind wir in Österreich noch weit entfernt.

Das beginnt am Arbeitsmarkt. Zwar gibt es gesetzliche Regelungen zur beruflichen Inklusion von Menschen mit Behinderung, derzeit erfüllen trotzdem weniger als ein Viertel der Arbeitgeberinnen und Arbeitgeber ihre Beschäftigungspflicht gegenüber begünstigten behinderten Menschen zur Gänze. Nur etwa jede zweite Frau mit Behinderung hat eine Erwerbsarbeit, und Menschen mit Behinderung sind viel häufiger im Niedriglohnbereich beschäftigt. Das führt dazu, dass Menschen mit Behinderung viel häufiger von Armut betroffen sind. Auch hier trifft es überproportional oft Frauen.

Ich arbeitete schon im Parlament, als der damalige grüne Abgeordnete Manfred Srb im November 1990 in der Säulenhalle des Parlaments in den Hungerstreik trat. Seinem Hungerstreik schlossen sich weitere Behindertenaktivistinnen und -aktivisten an, darunter auch seine Ehefrau Annemarie Srb-Rössler, eine Pionierin der „Selbstbestimmt Leben"-Initiative, die sich für das Recht auf

Selbstbestimmung für Menschen mit Behinderung einsetzt. Manfred war im Alter von acht Jahren an Kinderlähmung erkrankt, saß im Rollstuhl und zog 1986 als erster grüner Behindertenvertreter in den Nationalrat ein. Damals mussten erst Rampen errichtet werden, damit ein Mensch im Rollstuhl überhaupt am parlamentarischen Leben teilnehmen konnte. Nach zehn Tagen setzten die Hungerstreikenden durch, dass das damals noch nicht einheitlich geregelte Pflegegeld bundesweit vereinheitlicht wurde.

2019 habe ich gemeinsam mit Brigitte Bierlein die erste und bisher einzige Konferenz zum Thema „Frauen mit Behinderungen" eröffnet. Diese Frauen sind doppelt diskriminiert, erstens aufgrund ihres Geschlechts und zweitens aufgrund ihrer Beeinträchtigung. Wir laden Frauen mit Behinderung immer zum Frauentag in die Hofburg ein, weil es uns wichtig ist, dass sie zuvorderst als Mensch, als Frau gesehen werden – und nicht als Mensch mit Behinderung.

Auf dieser Frauenkonferenz lernte ich die ORF-Moderatorin Miriam Labus kennen. Kurz darauf habe ich sie gefragt, ob sie Lust hätte, unsere nächste Veranstaltung zum Weltfrauentag in der Hofburg zu moderieren. Sie ist eine ausgezeichnete Moderatorin und ich finde, Menschen mit Behinderung sollten nicht nur auf Veranstaltungen zu Behindertenthemen sichtbar sein. Im Gegenteil.

Miriam Labus

*eine Frau, die sich
nicht ausbremsen lässt*

Miriam Labus

„Ich bin die größere Rampensau von uns beiden", sagt Miriam Labus, wenn sie sich mit ihrer Zwillingsschwester vergleicht. Bereits als Kind sei sie nie schüchtern und immer „goschert" gewesen. Davon, dass sie aufgrund einer angeborenen Querschnittlähmung im Rollstuhl sitzt, habe sie sich nie aufhalten lassen. „Da hat meine Mutter schon darauf geachtet, dass ich mit einer ordentlichen Portion Selbstbewusstsein ausgestattet bin." Die Mutter zieht mit den Zwillingen noch vor dem ersten Schultag in eine barrierefreie Erdgeschosswohnung um, damit auch Miriam unabhängig und selbstständig groß werden kann. Und sie setzt durch, dass das Mädchen im Rollstuhl einen Platz in denselben Schulen bekommt wie ihre Zwillingsschwester, die keine Behinderung hat. Mitte der 1980er-Jahre war das in Wien nicht selbstverständlich – und ist es auch heute nicht.

Heute ist Labus Produktionsleiterin in der Sportredaktion des öffentlich-rechtlichen Rundfunks (ORF), Moderatorin der Behindertensport-Sendung „Ohne Grenzen" sowie Host ihres eigenen Podcasts „1 Gast 2 Seiten". Die ORF-Sendung für Parasport, die alle zwei Wochen auf ORF Sport+ ausgestrahlt wird, moderiert sie seit Herbst 2017.

Role Models im Rollstuhl habe es für sie als Heranwachsende keine gegeben. „Heute denke ich mir, ich bin das Role Model, das ich selbst gerne gehabt hätte." Was sie hat, ist ihre Zwillingsschwester, die fünf Minuten älter ist als sie. Und die ihr nie das Gefühl gegeben habe, dass sie etwas nicht könne, meint die heute 44-Jährige. Dass sie selbst mit einer großen Leichtigkeit durchs Leben kam, habe sie auch ihrer Mutter zu verdanken, die die Zwillinge allein großzog. Mehr als einmal ist ihre Mutter auf die Barrikaden gestiegen. „Damit ich als Volksschulkind ohne Hilfe mit dem Rollstuhl in die Schule fahren konnte, schrieb sie zahlreiche Eingaben an den Bezirk, damit die Gehsteige auf meinem Schulweg abgeflacht werden." Die Mutter schärft den Mädels ein: Was ihr danach macht, ist eure Sache. Aber die Matura macht ihr beide.

Nach der Matura studiert Labus wie ihre Zwillingsschwester Handelswissenschaften mit Schwerpunkt Marketing an der Wirtschaftsuniversität Wien. Zum Fernsehen kommt sie schließlich über einen Umweg. Bei einem Sprachaufenthalt in Boston verliebt sie sich in die Stadt und organisiert sich ein neunmonatiges Praktikum beim dortigen öffentlichen Rundfunksender. Zurück in Wien, weiß sie: Ich will zum ORF. Sie bewirbt sich für ein Praktikum für internes Marketing in der EDV-Abteilung des ORF. Während ihrer Praktikumszeit wird eine Karenzstelle in der Administration in der Sportproduktion frei. „Das war zwar nicht mein Traumjob, aber ich dachte mir, so habe ich einen Fuß in der Tür", sagt Labus. Sie kriegt den Job und bald auch ihren Traumjob: Produktionsleiterin in der Sportredaktion.

Zum Moderieren kommt sie eher zufällig: Als der ORF für seine Parasport-Sendung eine neue Moderatorin im Rollstuhl sucht, wird sie gefragt, ob sie sich das zutraue. „Das war zwar nie mein Plan, aber dann hat es mir viel mehr Spaß gemacht, als ich gedacht hätte", meint die Moderatorin.

Sie sei zuvor auch nie im Behindertenbereich engagiert gewesen. Bis sie Anfang 30 war, hatte Labus bewusst keinen Kontakt zu anderen Rollstuhlfahrern oder -fahrerinnen, „und wenn ich ehrlich bin, muss ich zugeben, ich habe solche Kontakte bis dahin auch verweigert". Sie sei eben mit demselben Bild von Rollstuhlfahrerinnen und Rollstuhlfahrern aufgewachsen wie der Rest im Land: arm, bemitleidenswert, kein erfülltes, cooles Leben, Pflegefall. „Ich habe mir immer gedacht: Da gehöre ich nicht dazu, und da will ich nicht dazugehören."

Aber irgendwann kommt der Gedanke, es könnte vielleicht einen Versuch wert sein, andere Menschen, die im Rollstuhl sitzen, kennenzulernen. Labus meldet sich für eine Schnupperstunde in einem Tanzkurs für Rollstuhlfahrerinnen und -fahrer an. „Mein Plan war, ich probiere Tanzen, und wenn mir das nicht taugt, dann gehe ich

Basketball spielen. Weil dort sind die coolen Burschen daheim." Zum Basketball kommt es gar nicht. Labus kippt völlig ins Tanzen hinein, schafft es mit ihrem Tanzpartner sogar bis zur Weltmeisterschaft. „Mir hat die Bewegung so gutgetan, und gerade bei den lateinamerikanischen Tänzen habe ich sehr stark zu mir als Frau gefunden", sagt die ORF-Moderatorin. Nach einigen Jahren lässt sie das Profitanzen wieder sein. Und wird stattdessen engagierte Tante der zwei Kinder ihrer Schwester, die jetzt im Volksschulalter sind. Als neues Hobby probiert sie mit ihren Freundinnen und Freunden regelmäßig neue Lokale aus oder geht international auf Reisen.

Wünschen würde sie sich, dass es ganz normal ist, wenn in Österreich eine Frau im Rollstuhl eine Veranstaltung oder Sendung moderiert. „Ich leide teilweise schon darunter, dass ich sehr viele Interview- und Moderationsanfragen zu Themen wie Barrierefreiheit oder Inklusion von Menschen mit Behinderung bekomme", sagt Labus. „Ich bin in erster Linie eine Frau, ein Mensch, eine Moderatorin, eine Medienmacherin – und erst danach eine Rollstuhlfahrerin." Immer noch würden Menschen im Rollstuhl zu sehr in eine Schublade gesteckt. Durch diese Schubladisierung würden Menschen mit Behinderung Chancen genommen, sagt Labus: „Ja, ich kann nicht Treppen steigen oder im Sand spazieren. Aber sonst kann ich eigentlich alles."

Weihnachten 1968 mit meinen Eltern und meinem kleinen Bruder Peter

Besuch bei Kindern im Libanon anlässlich eines Staatsbesuchs im Dezember 2018

Anlässlich der „Langen Nacht der Kinderrechte" luden mein Mann und ich Kinder aus den SOS-Kinderdörfern zur Pyjamaparty

Audienz beim Papst mit Vertreterinnen der Katholischen Frauenbewegung im Mai 2022

Der heutige britische König Charles mit Ehefrau Camilla im April 2017 auf Staatsbesuch in Österreich

Im Mai 2024 besuchten wir die engagierte Wirtin Hermine Hanke und ihr Team in Oberösterreich

Im Juni 2022 tauschten die deutsche First Lady Elke Büdenbender (links) und ich uns mit Bürgermeisterin Karin Baier (2. von rechts) und Anna Nödl-Ellenbogen (rechts) vom Gemeindebund bei einem Besuch in Schwechat bei Wien aus

Ist künstliche Intelligenz sexistisch?

Ich bin Jahrgang 1963 und alles andere als ein Digital Native. Ich habe sogar einen passenden Ausdruck für Menschen wie mich entdeckt: Digital Immigrant. Meine Uniarbeiten habe ich in den 1980er-Jahren noch auf einer orangefarbenen Olympus-Schreibmaschine getippt, bei der man sich bei jeder Seite überlegen musste, wie viel freien Platz die Fußnoten am Ende der Seite benötigen. Die Schreibmaschine, die ich mir damals als Studentin leisten konnte, hatte noch nicht einmal ein Korrekturband. Stattdessen musste ich noch mit Tipp-Ex kämpfen. Für das Verfassen meiner Diplomarbeit leistete ich mir einen kleinen Luxus: eine Schreibmaschine, die bereits ein kleines Display besaß. Von einem Computer war dies aber weit entfernt.

Digitalisierung klang für mich lange Zeit nach einem neutralen Instrument, das unser aller Leben hoffentlich vereinfacht, nach technischem Fortschritt, dessen man sich bedienen kann. Gerade feministische Frauen dachten früher, das Internet könnte zur Gleichstellung der Geschlechter beitragen. Weil das Internet allen gleichermaßen offensteht.

„Alexa, you are hot!"

Künstliche Intelligenz (KI) ist per se neutral. Mit diesem – eigentlich bereits aus den 1950ern stammenden – Begriff meint man heute meist Computersysteme, die eigenständig aus großen Datenmengen lernen und das Erlernte anschließend „intelligent" zur Lösung von Aufgaben einsetzen. Aber mit welchen Daten füttern wir unsere Maschinen? Und wer definiert, um welche Aufgaben sie sich kümmern sollen?

Es sind weniger oft Entwicklerinnen als vielmehr junge, männliche Entwickler, die KI-Systeme gestalten. Daher tendiert KI überproportional oft dazu, wie ein junger weißer Mann zu denken. Die Wissenschaftlerin Malwina Talik vom in Wien angesiedelten Institut für den Donauraum und Mitteleuropa liefert in einem Blogeintrag zu KI und Geschlecht[23] ein anschauliches Beispiel, welche Konsequenzen dies haben kann. Sie ließ den im Englischen geschlechtsneutralen Satz „An AI specialist, a nurse, a teacher, and a doctor went on a trip together" von ChatGPT ins Tschechische, Polnische und Slowakische übersetzen. In allen drei Sprachen werden nur *nurse,* also Krankenpfleger oder -pflegerin, und *teacher,* auf Deutsch Lehrerin oder Lehrer, in die weibliche Form übersetzt. Für *AI specialist* und *doctor* wählt die künstliche Intelligenz hingegen die männlichen Formen KI-Spezialist und Arzt – und das, obwohl etwa in Polen dieser medizinische Beruf zu 60 Prozent von Frauen ausgeübt wird. Das zeigt, dass KI veraltete Geschlechter-Stereotype aus Daten der Vergangenheit übernimmt und dabei die Möglichkeit ignoriert, dass Frauen diese Berufe selbstverständlich ebenso ausüben.

Lässt man mittels im Internet verfügbarer kostenloser KI eine deutsche Übersetzung dieses englischen Satzes erstellen, lautet das Ergebnis: „Ein KI-Spezialist, eine Krankenschwester, eine Lehrerin und ein Arzt machten gemeinsam eine Reise." Auch hier ist eindeutig, was die KI als typisch weiblichen Beruf sieht und was als Männerberuf.

Im November 2021 veröffentlichte die Organisation der Vereinten Nationen für Bildung, Wissenschaft und Kultur (UNESCO) ihre Empfehlungen zur Ethik der künstlichen Intelligenz. Es sind die ersten global ausverhandelten Handlungsempfehlungen zum Thema Ethik und KI und würden eine breitere Öffentlichkeit verdienen. Die UNESCO betont in ihren Empfehlungen gezielt, dass die Staaten besonderes Augenmerk darauf legen sollten, dass KI bestehende Geschlechterklischees nicht verstärkt oder neue erschafft. Unternehmen, Nichtregierungsorganisationen und öffentliche Einrichtungen brauchen verlässliche, klare Vorgaben, um sicherstellen zu können, dass KI-Systeme geschlechtergerecht und diskriminierungsfrei arbeiten. In den Entwicklerinnen- und Entwicklerteams sind mehr Diversität und vor allem auch mehr Transparenz vonnöten.

2023 präsentierte die UNESCO „Women4Ethical AI" als internationales Netzwerk von Expertinnen und Experten aus den Bereichen Wissenschaft, Zivilgesellschaft, Wirtschaft und Verwaltung. In diesem Netzwerk sind 17 der weltweit führenden weiblichen KI-Expertinnen vertreten. „Es ist dringend notwendig, die Situation von Frauen in der KI wieder ins Gleichgewicht zu bringen, um voreingenommene Analysen zu vermeiden und Technologien aufzubauen, die die Erwartungen und Bedürfnisse der gesamten Menschheit berücksichtigen", sagte UNESCO-Generalsekretärin Audrey Azoulay bei der Präsentation dieses Netzwerks.

Mein persönliches Interesse an der Gestaltung der Digitalisierung wurde durch einen Vortrag der Digital-Expertin Ingrid Brodnig geweckt. Anlässlich unserer Veranstaltung zum Weltfrauentag 2021, mitten in der Coronapandemie, war sie als Referentin zu digitalen Themen eingeladen. Zu Beginn ihres Vortrags ging sie auf den Genderaspekt bei Sprachassistenz-Systemen ein.

Wissen Sie zum Beispiel, was Apples sprechende KI Siri bis vor einigen Jahren antwortete, wenn jemand sie mit sexistischen Sprüchen wie „You're a slut!", auf Deutsch „Du bist eine Schlampe!", bedachte? Siris Antwort lautete: „Ich würde erröten, wenn ich es könnte." Ebenso devot lautete die Replik der Google-Sprachassistenz Alexa auf die Bemerkung „Alexa, you are hot!". Darauf sagte Alexa: „Das ist nett von dir, dass du das sagst." Erst als die Journalistin Leah Fessler diese sexistischen Antworten öffentlich machte, wurden Siri und Alexa umprogrammiert.[24]

Digitale Chancengleichheit

Künstliche Intelligenz ist ein Werkzeug, das unsere Welt und unsere Gesellschaft verändert. Wie sehr, können wir uns heute noch kaum ausmalen. Künstliche Intelligenz ist massiv männlich dominiert. Wenn vor allem Männer für KI verantwortlich sind, dann wird diese digitale Welt auch männlich geprägt sein.

Die Frage, wie wir die digitale Welt gleichberechtigter gestalten können, lässt mich nicht mehr los, denn sie wird von Menschen gestaltet. Wenn wir verhindern wollen, dass gesellschaftlich bis heute tief verwurzelte Geschlechterstereotype auch die digitale Sphäre beherrschen, sind Männer und Frauen gleichermaßen gefordert, gemeinsam die digitale Welt zu verändern.

Mit Expertinnen aus den Bereichen Wirtschaft, Wissenschaft, Bildung, Menschenrechte, Gesundheit, aus dem kulturellen Bereich und aus der IT-Wirtschaft überlegten wir im Jahr 2021, welche Rahmenbedingungen es braucht, damit Frauen an diesem so wichtigen gesellschaftlichen und wirtschaftlichen Prozess gleichberechtigt teilnehmen können. So schufen wir die „Initiative Digitalisierung Chancengerecht". Sie setzt sich dafür ein, dass der digitale Wandel human, demokratisch, sozial und ökologisch gestaltet wird und dass die Empfehlungen[25] der UNESCO künftig durch unser aller Mitverantwortung in die Praxis umgesetzt werden können.

Von Anfang an dabei waren Sabine Theresia Köszegi, Professorin für Arbeitswissenschaft und Organisation an der TU Wien, Marlies Lenglachner, Unternehmerin und systemische Beraterin für nachhaltige Veränderungsprozesse, Beate Winkler, Künstlerin und bis 2008 Direktorin der EU-Grundrechtsagentur, und Martina Mara, Österreichs erste und bisher einzige Professorin für Roboterpsychologie.

Ich rechne es diesen hochqualifizierten Frauen, die alle beruflich sehr gefordert sind, hoch an, dass sie sich ehrenamtlich für diese Initiative engagieren.

Unsere Idee war und ist es, ein Feuerwerk an Initiativen zu entfachen und die verschiedenen schon bestehenden Netzwerke in diesem Bereich zusammenzuführen und damit dem Thema in der Öffentlichkeit mehr Gewicht zu geben.

Ingrid Brodnig

*eine Kämpferin
gegen Hass im Netz*

Ingrid Brodnig

„Ich war immer schon ein Geek", sagt Ingrid Brodnig. Bereits als Teenagerin interessierte sich die heutige Journalistin, Buchautorin und Social-Media-Expertin für Computer, Digitalisierung, das Internet. „Dabei war es weniger die technische Komponente als vielmehr die gesellschaftlichen Auswirkungen der Digitalisierung, die mich interessierten."

Mit diesem Interesse war sie anfangs recht allein in der Medienwelt. Das merkte die gebürtige Grazerin, die Journalismus studierte, bereits im Jahr 2007 während einer ihrer ersten Praktikumswochen in einer Zeitungsredaktion. „Damals sagten mir die älteren Kollegen, das Thema Internet sei zwar wichtig, aber niemand beschäftige sich damit. Wenn ich das übernehmen würde, hätte ich gute Chancen, Artikel im Blatt unterzubringen."

Genau so kam es dann auch. Ihre erste Covergeschichte schreibt sie in der Wiener Wochenzeitung *Falter* über „die bösen drei", die Digital-Multis Google, Apple und Facebook. Sie bleibt einige Jahre beim *Falter* und baut dort die Berichterstattung über die digitale Welt aus.

Danach wechselt sie zum Nachrichtenmagazin *Profil* und macht sich schließlich als gefragte Erklärerin der digitalen Welt selbstständig. „Ich sehe mich als Vermittlerin zwischen technischen Themen und einer breiteren Bevölkerung", beschreibt sie ihre Tätigkeit. Derzeit schreibt die 40-Jährige eine Kolumne für die Tageszeitung *Der Standard*, hält im gesamten deutschsprachigen Raum Vorträge über die Verrohung im Netz und wie wir ihr begegnen können, verfasst Bücher und ist häufig in TV-Diskussionsrunden zu Gast.

2014 veröffentlicht sie „Der unsichtbare Mensch. Wie die Anonymität im Internet unsere Gesellschaft verändert". Zuvor hatte sie sich bereits intensiv mit Hate Speech beschäftigt. „In Befragungen geben Männer häufiger an, Belästigungen im Netz zu erfahren, das liegt zum Teil auch daran, dass Männer mehr online sind als Frauen. Allerdings ist die sexualisierte Form der Belästigung bei Frauen viel höher als bei Männern." Eine Folge davon sei das sogenannte „silencing": Weil Frauen sich derartige Ausfälligkeiten nicht gefallen lassen wollen, ziehen sie sich oftmals aus öffentlichen Debatten zurück. Um dies zu verhindern, brauche es auch in der digitalen Welt möglichst beleidigungsfreie Räume.

Hier sieht Brodnig die Konzerne in der Pflicht. „Dass Hass im Netz mittlerweile etwas mehr geahndet wird, mussten die Userinnen erst hart erkämpfen. Die Konzerne haben wenig Interesse, von sich aus Moderationen in Social-Media-Foren einzurichten, denn das würde sie viel Geld kosten." Aber die Digitalplattformen würden es sich noch immer zu leicht machen. Und noch etwas sei ein Problem, meint Digitalexpertin Brodnig: „Zu Beginn der Digitalisierung meinten manche, die digitale Welt biete Chancengerechtigkeit, weil man in der schriftlichen Kommunikation des Web weder Herkunft noch Geschlecht sehen kann und somit Diskriminierung schwieriger würde", sagt Brodnig. „Ich halte diese Grundidee aber für falsch. Das würde bedeuten, wenn man eine Frau ist oder ein Mitglied einer Minderheit, dann müsse man dies verbergen, um für voll genommen zu werden."

Brodnig geht es nicht nur um Aufklärung, sondern um Veränderung. In ihrem Buch „Wider die Verrohung. Über die gezielte Zerstörung öffentlicher Debatten" zeigt sie Strategien auf und gibt Tipps, wie man selbst auf unangenehme Debatten im Netz klug reagieren und auch diejenigen unterstützen kann, die von Hasskommentaren betroffen sind.

Was es abseits vom Engagement der Userinnen und User benötige, um die digitale Welt zu einem angenehmen Ort für möglichst viele zu machen, wäre zum einen mehr Diversität in den technischen Teams, die diese Welt programmieren. „Und andererseits auch das klare Bekenntnis der Konzerne, dass Hass im Netz nicht toleriert wird."

Wie sie selbst mit Hasskommentaren umgeht? „Ich lese beruflich sehr viele Hasskommentare sowie bösartige Falschmeldungen im Netz", erzählt Brodnig. In ihrem E-Mail-Postfach habe sie einen eigenen Ordner, in dem sie derartige Widerlichkeiten sammle, als mögliches Anschauungsmaterial für Buchprojekte oder Vorträge. „Weil ich in den vielen Jahren, in denen ich mich mit Hass im Netz beschäftige, gelernt habe, dass man Unangenehmes besser aushält, wenn man der Beschäftigung damit einen Sinn gibt."

She goes digital

Mein Bruder hatte es nicht immer leicht mit seiner großen Schwester, besonders dann nicht, wenn ich ihn zwang, mit mir Puppen zu spielen. In solchen Momenten wäre er wohl lieber ein Einzelkind gewesen. Aber als ich ein Kind war, bekamen Mädchen eben die Puppen und Buben eine Modelleisenbahn.

Ich bin meinem Bruder sehr dankbar, dass er sich zwar an meinen Puppen, aber nicht an mir gerächt hat. Im Gegenteil, ohne Physik-Nachhilfe und lebenslangen Technik-Support hätte ich viele Situationen nicht so nervenschonend bewältigen können. So bediene auch ich Geschlechterklischees.

Lange Zeit dachte ich, zumindest im Kinderzimmer hätten sich diese Stereotype überholt. Dann erlebte ich bei Freundinnen, die ich allesamt als emanzipierte Frauen beschreiben würde, wie ihre damals noch kleinen Töchter in Rosa und mit Glitzer unterwegs waren und die Buben meist in Blautönen. Hatte ein Bub dann doch mal gewagt, sich einen rosa Fahrradhelm auszusuchen, hörte er bald von seinem Freund: „Das ist ein Mädchenhelm!"

Das zeigt, dass die Familie nur einer von vielen Mikrokosmen ist, die uns prägen, und die Entscheidung, wie Buben und Mädchen sich entwickeln, stark von äußeren Faktoren wie etwa Kindergarten und Schule beeinflusst wird. Kinder lernen durch Nachahmung, sie erschaffen sich aus ihren Beobachtungen ein Bild der Welt. Wenn Kinder etwa im Kindergarten nicht nur von Kindergartenpädagoginnen betreut werden, sondern auch von Kindergartenpädagogen, dann erleben sie, dass auch Männer diese Rolle ausüben können.

Wenn Kinder sehen, wie eine Informatikerin Computer programmiert, lernen sie, dass auch Frauen im Umgang mit Technik kompetent sein können. Und wenn die Kinder krank sind und der Papa daheimbleibt, um ihnen Kamillentee zu machen, lernen sie, dass Männer sich genauso gut um Kinder kümmern können wie Frauen. Um Kindern und auch Jugendlichen die Möglichkeit zu geben, aus einer Vielfalt an Optionen den für sie richtigen Weg finden zu können, braucht es daher Role Models, die mit Geschlechterklischees brechen. Speziell im IT-Bereich gibt es noch zu wenige weibliche Role Models.

„Bub oder Mädchen?"

Im Jahr 2021 konnten wir die Anliegen unserer „Initiative Digitalisierung Chancengerecht" beim Ars-Electronica-Festival in Linz im Rahmen einer Podiumsdiskussion eingehend behandeln. Martina Mara, Professorin für Roboterpsychologie an der Johannes Kepler Universität Linz, stellte das Ergebnis einer kleinen, für ihren Forschungsbereich eher untypischen, aber sehr spannenden Recherche auf der Bühne vor. Ihr Team und sie hatten 20 Spielzeuggeschäfte besucht, immer mit demselben Wunsch: Sie seien am Abend zu einem Essen eingeladen und benötigten ein Mitbringsel für ein fünfjähriges Kind. In 19 von 20 Fällen fragte das Verkaufspersonal: „Bub oder Mädchen?" Für die Buben wurde dann Konstruktionsspielzeug wie Lego empfohlen, für die Mädchen gab es Kuscheltiere, Puppen, Haarschmuck und eine rosa Spielzeugkassa. Kein einziges Mal wurde ein Konstruktionsspielzeug für Mädchen empfohlen.

Ich meine damit natürlich nicht, dass Mädchen nicht mit Puppen oder Kuscheltieren spielen sollen. Oder Buben nicht mit Lego Star Wars oder Technikbausätzen. Sondern dass beides für alle okay sein sollte. Dass jedes Kind sich individuell das aussuchen sollen darf, was ihm oder ihr gefällt.

Auch in der Schule wird Mädchen nach wie vor häufig nahegelegt, lieber nichts Technisches zu studieren, wie eine 2023 veröffentlichte Studie[26] der Wissenschaftlerin Martina Gaisch aus Oberösterreich zeigt. Mehr als die Hälfte der über 1.500 befragten österreichischen Schülerinnen zwischen 14 und 18 Jahren ziehen keine technisch-naturwissenschaftliche Ausbildung in Betracht und werden zu einer solchen von ihrem Umfeld weder motiviert noch ausreichend informiert. 49 Prozent der 14- bis 15-jährigen Mädchen gaben in dieser Befragung an, den Satz „Als Frau verstehst/schaffst du das nicht" schon oft gehört zu haben. 30 Prozent hatten bereits oft den Satz „Technikerinnen sind unweiblich" hören müssen.

Daraus folgt auch, dass weibliche Jugendliche ihre Computer- und IT-Kenntnisse deutlich stärker unterschätzen als gleichaltrige Buben. Wenn Mädchen geringere Kompetenzen in wichtigen digitalen Kulturtechniken ausbilden, sind auch ihre Gestaltungs- und Teilhabechancen in Alltag, Beruf und Gesellschaft geringer.

Dabei waren gerade IT und Programmieren zu Beginn stark weiblich geprägte Jobs. Das zeigt auch der beeindruckende Film „Hidden Figures – Unerkannte Heldinnen" aus dem Jahr 2016, der auf einer wahren Geschichte beruht. Er beschreibt die ersten Programmiererinnen in den USA, die allesamt schwarze Frauen waren. Damals war das händische Eingeben der Daten ein mühsamer Knochenjob. Diese Tätigkeit wurde als klassisch weibliche buchhalterische Aufgabe gesehen. Die Tätigkeit führten Frauen durch, die aufgrund ihrer Hautfarbe und ihres Geschlechts doppelt diskriminiert wurden.

Doch als ersichtlich wurde, dass da gerade etwas Neues entsteht, das wichtig werden könnte und mit dem sich viel Geld verdienen lässt, wurden die Frauen aus diesem Bereich verdrängt.

Heute gibt es für Frauen in den sogenannten MINT-Bereichen, also Mathematik, Informatik, Naturwissenschaft, Technik, einen Nachholbedarf. An öffentlichen Universitäten in Österreich sind in der Fachrichtung Informatik und Informationstechnologie nur 19 Prozent der Studierenden Frauen, während andere naturwissenschaftliche Fächer wie etwa Ernährungswissenschaft zu 80 Prozent oder molekulare Biologie zu 69 Prozent von Studentinnen belegt werden. An den Fachhochschulen liegt der Anteil der Studentinnen im Zweig Informatik und Kommunikationstechnologie bei 21 Prozent. Laut OECD wird nur jedes 14. Technik-Patent von einer Frau angemeldet. Im wissenschaftlichen Bereich „Machine Learning" sind nur rund zwölf Prozent des Forschungspersonals weiblich. Österreich kann es sich aber nicht leisten, das Potenzial digitaler Macherinnen dermaßen unausgeschöpft zu lassen. Denn damit einher geht ein systematischer Nachteil für Frauen, aber auch für uns alle. Weil die Kompetenz und die Intelligenz von 50 Prozent der Menschen fehlen.

Es geht nur gemeinsam

Der Wunsch, beim Thema Chancengerechtigkeit in der Digitalisierung eine positive Veränderung anzustoßen und Frauen in diesem Bereich ganz praktische Möglichkeiten zu eröffnen, ließ uns im Frühsommer 2022 im Rahmen der im Jahr zuvor gegründeten „Initiative Digitalisierung Chancengerecht" das Programm „She goes digital" starten. Die Idee entstand bei einem Gespräch, das Marlies Lenglachner mit Dorothee Ritz, damals CEO von Microsoft Österreich, und mir führte.

Was ist „She goes digital"? Gemeinsam mit mittlerweile mehreren Dutzend Unternehmen gibt diese Initiative Mädchen, die zum Teil noch die Pflichtschule besuchen, sowie Wiedereinsteigerinnen und Frauen über 50 Jahren die Möglichkeit, eine Ausbildung oder einen Job im Bereich Digitalisierung für sich zu entdecken. Die Frauen und Mädchen, die an „She goes digital" teilnehmen, erhalten einen praxisnahen Einblick in die digitale Berufswelt, können IT-Spezialistinnen über mehrere Tage in ihrer täglichen Arbeit begleiten. Es gibt zahlreiche Workshop-Angebote speziell für Frauen und Mädchen, etwa an der Fachhochschule Technikum in Wien, sowie ein eigenes Mentoring-Programm – und all das mit dem Ziel, Frauen und Mädchen einen Einstieg oder Umstieg in eine Tech-Karriere zu ermöglichen. Das Interesse an dieser Initiative war weit höher, als wir Gründerinnen es uns erhofft hatten. Bereits im ersten Durchgang waren

130 Frauen und Mädchen dabei, alle vom Alter, aber auch von ihrem beruflichen Hintergrund her völlig unterschiedlich. 22 Unternehmen aus unterschiedlichen Branchen erklärten sich sofort bereit, sie in die digitalen Jobs hineinschnuppern zu lassen. Im Jahr darauf hatten wir bereits 500 Anmeldungen und schon 50 Unternehmen, die „She goes digital" unterstützten. Das zeigt: Wenn Frauen und Mädchen direkt angesprochen werden, wenn ihnen eine Möglichkeit zum Einstieg geboten wird, klappt es auch.

Möglich wurde dieses Projekt durch die Kooperation mit Microsoft unter der Human-Resources-Chefin Ingrid Heschl und mit Unterstützung der Bildungsplattform ETC und der Projektleiterin Julia Katovsky. Zwei besondere Role Models möchte ich Ihnen hier vorstellen.

Die aus Ungarn stammende Niederösterreicherin Dorottya Bene-Herédi hatte ganz andere berufliche Pläne. Die ausgebildete Schauspielerin, die es vor 14 Jahren gemeinsam mit ihrem heutigen Ehemann nach Österreich verschlug, absolvierte eine pädagogische Ausbildung und arbeitete im Kindergarten. Dann kam die Coronapandemie. „Weil ich damals schwanger war, durfte ich wegen des Infektionsrisikos nicht bei den Kindern arbeiten", erzählt sie. Die Kindergärtnerin wurde in ihrer niederösterreichischen Gemeinde zum Contact Tracing von Covid-Infizierten versetzt und hatte so erstmals mit Computerarbeit zu tun. „Programmieren war für mich schon zuvor eine richtige Wunderwelt, wo ich mir dachte, es wäre doch toll, das zu verstehen. Aber zugetraut hätte ich es mir nie." Aber dann bewarb sich Dorottya Bene-Herédi bei „She goes digital". Rückblickend sagt sie: „Das war für mich der Durchbruch. Ich war 33 Jahre alt, eine junge Mutter, und so war es der ideale Zeitpunkt, mich neu zu orientieren." Sie kommt in Kontakt mit IT-Abteilungen von Unternehmen wie den ÖBB, schnuppert in verschiedene Berufsfelder hinein und absolviert über das „She goes digital"-Partnerinnenprogramm „The New IT-Girls" eine Weiterbildung. Heute arbeitet Dorottya Bene-Herédi als Data Analyst, „und dort fühle ich mich jetzt richtig", sagt die IT-Expertin.

Sabine Klein wollte als Kind Opernsängerin werden, studierte später Musik und war viel im Ausland unterwegs. Vor „She goes digital" arbeitete sie als Coach mit arbeitslosen Müttern, unterstützte sie beim Wiedereinstieg in den Arbeitsmarkt. Eine schöne Aufgabe sei das gewesen, „aber leider, wie so vieles im Sozialbereich, nicht gut bezahlt", sagt die heutige Sales Managerin in einem IT-Unternehmen. „Weil ich neugierig war, habe ich mich bei ‚She goes digital' angemeldet", erzählt sie. Der Zeitpunkt passte gut, das jüngste ihrer drei Kinder war in der Volksschule und in ihrem alten Job hatte sie das Gefühl, alles schon zu gut zu kennen. „Da fehlte einfach die Herausforderung." Die fand Sabine Klein bei den Fortbildungen, die sie im Rahmen des Programms absolvierte. Am Tag ihrer Abschlussprüfung im Juli 2023 bekam sie gleich ihren neuen Dienstvertrag. „Ich habe sehr flexible Arbeitszeiten, die ich perfekt mit der Familie vereinbaren kann, arbeite in einem tollen Team und verdiene auch noch viel besser als in meinem alten Job." Es sei die beste Entscheidung gewesen, sich beruflich in Richtung Digitalisierung zu verändern, obwohl sie mit diesem Schritt ihr gesamtes Umfeld überrascht habe. „Ich bin nämlich das Gegenteil eines IT-Freaks, ich bin sogar sehr gerne analog unterwegs", sagt Sabine Klein, „aber gleichzeitig bin ich auch sehr neugierig. Genau diese beiden Eigenschaften helfen mir, mich in die neuen Kundinnen und Kunden einzufühlen und herauszufinden, welche IT-Lösungen sie benötigen." Solche Beispiele geben mir Mut und bestärken auch mich in der Arbeit, die wir mit Initiativen wie „She goes digital" leisten.

„Erstbesteigerinnen ohne Sicherheitsseil"

Ich höre immer wieder von meist, aber nicht nur, männlichen Führungskräften: „Wir würden gerne unsere Spitzenpositionen mit Frauen besetzen, aber leider finden wir keine." Oder auch den Vorwurf, Frauen würden einander auf der Karriereleiter im Weg stehen. Sie würden sich wie die Bienenköniginnen verhalten und potenzielle Konkurrentinnen lieber niederstechen als gemeinsame Sache zu machen. Ich muss sagen, ich erlebe Frauen ganz anders. Gerade die Erfolge eines Projekts wie „She goes digital", bei dem Frauen sich untereinander vernetzen, voneinander lernen, einander unterstützen, sind ein Beleg dafür, dass Frauensolidarität funktioniert.

Genauso oft höre ich, Frauennetzwerke würden nicht so gut funktionieren wie Männernetzwerke. Ich frage mich aber: Stimmt das überhaupt? Wo ist die Evidenz für eine solche Behauptung? Ich selbst habe in zahlreichen Frauenprojekten und in meinen vielen Jahren im Berufs- und Privatleben die gegenteilige Erfahrung gemacht.

Allerdings sind Frauen in hohen Positionen immer noch in der Minderheit. 2024 waren nur zwölf Prozent aller Vorstände an den insgesamt 56 an der Wiener Börse gelisteten Unternehmen Frauen. Fast 60 Prozent dieser börsennotierten Konzerne haben keine einzige Frau im Vorstand.[27] Männer finden dafür in den Führungsebenen genügend Geschlechtsgenossen, die sie auf dem Weg nach oben unterstützen können. Frauen müssen sich in den meisten Fällen den Weg an die Spitze selbst erkämpfen. Sie sind, in der Alpinsprache ausgedrückt, „Erstbesteigerinnen ohne Sicherheitsseil".

Es geht aber nicht nur darum, an der Spitze eine Frau zu haben, die jüngere Frauen beim beruflichen Aufstieg aktiv unterstützt. Allein die Wahrnehmung, dass eine Frau ebenso Vorstandsdirektorin oder Bundeskanzlerin oder UN-Generalsekretärin sein kann, lässt neue Bilder in den Köpfen von Mädchen entstehen und dadurch auch neue Vorstellungen, was für Mädchen und Frauen alles erreichbar sein kann.

Ich bin deshalb sehr skeptisch bei gängigen Zuschreibungen. Was ich aber durchaus erlebe, ist, dass Frauen sich zum Teil nicht so leichttun, Unterstützung anzunehmen, dass sie stärker darauf konditioniert sind, alles aus eigener Kraft schaffen zu müssen. Vielleicht kommt dies auch aus dem Gefühl heraus, auf niemanden angewiesen sein zu wollen. Auch da war und ist es uns bei Projekten wie „She goes digital" wichtig, dass Frauen nicht nur die digitale Welt kennenlernen, sondern auch lernen, Unterstützung anzunehmen, etwa in Form von Mentoring durch Frauen, die im IT-Bereich bereits Karriere gemacht haben.

„She goes digital" ist sicherlich eines meiner Herzensprojekte. Aber um auch in der digitalen Welt einen nachhaltigen Wandel zu erzielen, muss uns ein gesellschaftliches Umdenken gelingen. Und das wiederum setzt voraus, dass Männer und Frauen bereit sind, eingetretene Pfade und überholte Rollenzuschreibungen zu verlassen.

Martina Mara

*Frauenpower für
eine digitale Welt ohne Sexismus*

Martina Mara

Schule schwänzen kann Karrieren fördern. Zumindest bei Martina Mara war das so. „Ich war eine recht gute Schülerin, aber oft saß ich nicht in der Klasse, sondern schlich mich ins Ars Electronica Center", erzählt sie. In diesem 1996 eröffneten Zentrum für Kunst, Technologie und Gesellschaft in Linz, das sich selbst als „Museum der Zukunft" bezeichnet, gab es im obersten Stock ein paar Stand-PCs mit Internetzugang, damals eine Seltenheit. So tauchte Mara erstmals in die digitale Welt ab. Heute ist die 43-Jährige Österreichs erste Professorin für Roboterpsychologie. Mit ihrem Team an der Universität Linz untersucht Mara psychologische Aspekte der Interaktion zwischen Mensch und Maschine, von Robotern bis zu künstlich intelligenten Systemen. Dass sie beruflich einmal in einem technischen Bereich ankommen wird, sei für sie während der Schulzeit keine Option gewesen. „Ich hatte zwar in Mathematik gute Noten, aber kein Mensch hat mir damals geraten, etwas in Richtung Technik zu probieren", erzählt sie. „Auch ich selbst wäre nie darauf gekommen. Das hat man damals einfach nicht überlegt als Mädchen."

Stattdessen zieht sie von Linz nach Wien, schreibt sich am Institut für Publizistik als Studentin ein und beginnt als Journalistin zu arbeiten. Das, was ihr als Teenagerin am Ars Electronica Center so sehr gefiel, bleibt aber auch während ihrer Studienzeit zentrales Thema: die Digitalisierung und wie diese unsere Gesellschaft verändert. Irgendwann kommt sie zum Entschluss, dass ihr Journalismus nicht reicht, dass sie sich lieber tiefer und detaillierter mit einzelnen Themen auseinandersetzen und ihren Fokus auf die digitale Welt legen möchte. Ihre Abschlussarbeit schreibt sie 2007 über Narzissmus und soziale Netzwerke, ein Thema, das erst viel später einen großen Hype hat. Sie kommt wieder in Kontakt mit dem Ars Electronica Center, wo sie früher heimlich ihre Schulvormittage verbrachte.

Dort gibt es mittlerweile das Futurelab, ein Medien-Forschungs-Entwicklungslabor, das interdisziplinär arbeitet und mit Expertinnen und Experten aus aller Welt eng verbunden ist.

Dort findet sie ihren ersten Job im Bereich Digitalisierung und Wissenschaft und lernt den deutschen Medienpsychologen Markus Appel kennen. „Damals habe ich beschlossen, mich auf die Wissenschaft zu konzentrieren." Sie promoviert an der Universität Koblenz-Landau in Psychologie zum Thema menschenähnliche Roboter. Sie kann dafür am Ars Electronica Center Feldstudien mit Robotern des berühmten japanischen Robotikers Hiroshi Ishiguro durchführen, der sich auf Androiden, also menschenähnliche Maschinenwesen, spezialisiert hat und damit bekannt wurde, dass er sich selbst als Roboter nachgebaut hatte.

Neben der Forschung für ihre Promotionsarbeit baut sie am Ars Electronica Futurelab den Forschungszweig Roboterpsychologie auf. Sie kooperiert mit internationalen Konzernen, von der deutschen Autoindustrie bis hin zu japanischen Technologie-Unternehmen wie Sony. Mara forscht etwa zu fahrerlosen Autos und deren Interaktion mit anderen Verkehrsteilnehmerinnen und -teilnehmern. Am Ars Electronica Center kommt sie auch in Kontakt mit zahlreichen internationalen Forscherinnen und Forschern sowie Künstlerinnen und Künstlern. „Kunst ist für mich nie einfach nur Dehübschung", sagt Mara. Dann, im Jahr 2015, gründet sich auf der Johannes Kepler Universität in Linz das Linz Institute of Technology als besonders anwendungsorientiertes, interdisziplinäres Forschungsinstitut. 2018 wird Mara Professorin am LIT und forscht dort zur menschlichen Interaktion mit Robotern und KI-Systemen.

In den vergangenen Jahren untersuchen Mara und ihr Team in Experimenten mit vielen tausenden Teilnehmerinnen und Teilnehmern unter anderem, was es braucht, damit Menschen KI-assistiert vernünftige Entscheidungen treffen. Denn der Einsatz von KI nimmt speziell im Berufsleben rasant zu, etwa in Personalabteilungen, wo sogenannte Recruiting-Algorithmen eingesetzt werden, oder auch bei der Erstellung von Diagnosen im medizinischen Bereich.

Sie untersuchen, unter welchen Bedingungen Menschen dem Vorschlag der KI zu sehr vertrauen oder auch zu wenig. Oder auch zur sogenannten „Explainable AI", also erklärbarer künstlicher Intelligenz. „Das bedeutet, dass eine KI nicht mehr nur ein Analyseergebnis ausspuckt, sondern für die Userin oder den User zusätzlich Erklärungen darüber mitliefert, wie das Ergebnis im System zustande kam. Das wird leider derzeit noch viel zu wenig gemacht, ist aber immens wichtig, damit Menschen die Kompetenz der KI besser einschätzen können und sich in adäquatem Ausmaß auf sie verlassen", sagt die Expertin.

„Wir sehen auch, dass Menschen, die wenig über KI wissen, stärker dazu neigen, KI-Systeme wie etwa ChatGPT zu vermenschlichen. Und je menschlicher einem so ein System erscheint, desto einflussreicher wird, was es empfiehlt." Ihr Lab erforscht aber auch, wie unterschiedlich weiblich oder männlich dargestellte Chatbots wahrgenommen werden und was passiert, wenn man Geschlechterstereotype zur Abwechslung einmal nicht reproduziert. „Wir haben Patienten in einer Onlinestudie Pflege-Roboter gezeigt, die kontra-stereotyp gestaltet waren – nämlich mit männlicher Stimme und männlichem Namen. Ein Resultat davon war, dass die Testpersonen danach nicht mehr nur Frauen als Pflegerinnen akzeptierten, sondern sich plötzlich auch Männer als kompetente Unterstützer vorstellen konnten." Um die KI-Kompetenz in der Bevölkerung zu heben, tritt Maras wissenschaftliches Institut auch volksbildend in Erscheinung. Denn laut Digital Skills Barometer, einer bevölkerungsrepräsentativen Erhebung zu digitalen Fähigkeiten in Österreich, trauen sich derzeit nur etwa elf Prozent der Menschen in Österreich zu, einer anderen Person erklären zu können, was künstliche Intelligenz überhaupt ist. „G'sungen, g'rappt & g'stanzlt: Was Sie schon immer über Künstliche Intelligenz wissen sollten" war der Titel eines Events, das Maras Robopsychology Lab 2024 im Ars Electronica Center durchführte. Am Linzer Hauptplatz sang ihr Team Lieder über KI, und kürzlich hat das Robopsychology Lab den Rap-Song „Hi, AI (134 TWh)" zur Aufklärung über den

Energieverbrauch künstlicher Intelligenz veröffentlicht „Das Thema KI muss viel breiter diskutiert werden", sagt Mara. Denn schließlich seien wir alle bereits jetzt mit KI in Kontakt, auch wenn dies vielen gar nicht so bewusst sei. „Deshalb würde ich mir wünschen, dass künstliche Intelligenz und ihre Auswirkungen auf unser Leben nicht bloß auf wissenschaftlichen Kongressen thematisiert wird, sondern gerade auch in breitenwirksamen Unterhaltungsformaten, zum Beispiel dem „Bergdoktor" im Hauptabendprogramm, sagt Mara. „Nur so kann es uns gelingen, möglichst viele Menschen über künstliche Intelligenz und ihre Chancen und Risiken zu informieren."

Anmerkungen

1. https://www3.weforum.org/docs/WEF_GGGR_2023.pdf
2. https://www.statistik.at/fileadmin/announcement/2024/03/20240305GenderStatistik2024.pdf
3. Statistik Autstria: Zeitverwendungserhebung 2021/2022, https://www.statistik.at/fileadmin/announcement/2023/12/20231218ZVE20212022.pdf
4. Eliza Reid: Das Geheimnis der Sprakkar, btb 2023.
5. https://www.demokratiezentrum.org/bildung/ressourcen/themenmodule/frauenperspektiven/pionierinnen-in-der-politik/zenzi-kreszentia-hoelzl/
6. https://www.staedtebund.gv.at/themen/frauen/kommunalpolitik/
7. https://gemeindebund.at/website2020/wp-content/uploads/2022/03/pk-prasentation-kommunalpolitik-von-morgen.pdf
8. https://www.statistik.at/fileadmin/pages/364/Infotext_GenderStatistik_Armuts_und_Ausgrenzungsgefaehrdung.pdf
9. https://www.bundeskanzleramt.gv.at/themen/europa-aktuell/start-der-europaeischen-plattform-zur-bekaempfung-der-obdachlosigkeit.html
10. https://www.sozialministerium.at/Services/Neuigkeiten-und-Termine/Housing-First.html
11. https://www.wien.gv.at/menschen/frauen/pdf/wohnungslose-frauen-und-gewalt.pdf
12. https://www.aoef.at/images/04a_zahlen-und-daten/2023/Frauenmorde-2023_Liste-AOeF.pdf
13. https://www.aoef.at/images/04a_zahlen-und-daten/2023/Mordversuche-SchwereGewalt-2023_Liste-AOeF.pdf
14. https://www.uno-fluechtlingshilfe.de/hilfe-weltweit/themen/fluchtursachen/klimawandel
15. Dokumentationsarchiv des österreichischen Widerstandes (Hrsg.): Erzählte Geschichte. Band 2: Katholiken, Konservative, Legitimisten, Wien 1992, https://www.doew.at/erforschen/publikationen/gesamtverzeichnis/widerstand-und-verfolgung-widerstandsforschung/erzaehlte-geschichte-band-2-katholiken-konservative-legitimisten
16. https://www.doew.at/cms/download/ab9ft/jb_2012_garscha.pdf
17. https://www.doew.at/cms/download/64oj9/cs_erzaehlte_geschichte.pdf
18. Statistik Austria: Gender-Statistik, https://www.statistik.at/fileadmin/pages/362/Infotext_GenderStatistik_Einkommen.pdf
19. https://www.statistik.at/fileadmin/pages/363/Infotext_GenderStatistik_Pensionen.pdf
20. https://www.statistik.at/fileadmin/announcement/2024/05/20240521BiZ2022_23.pdf
21. https://www.sozialerhebung.at/index.php/de/allgemein
22. https://www.mediaaffairs.at/aktuellebeitraege/gesellschaft/inklusionsstudie2023.html
23. https://www.idm.at/ist-die-kuenstliche-intelligenz-eine-frau/
24. Siehe dazu auch https://unesdoc.unesco.org/ark:/48223/pf0000367416.page=1
25. UNESCO-Empfehlung zu Ethik der KI, https://www.unesco.at/wissenschaft/wissenschafts-und-bioethik/ethik-der-kuenstlichen-intelligenz/unesco-empfehlung-zur-ethik-der-ki#:~:text=Die%20UNESCO%2DEmpfehlung%20versteht%20unter,abh%C3%A4ngiger%20Werte%2C%20Prinzipien%20und%20Handlungen
26. https://www.mintality.at/wp-content/uploads/2023/05/MINTality-FH-OOe-Studie-Endbericht-2023.pdf
27. Mixed Leadership Barometer August 2024, zitiert nach https://www.die-wirtschaft.at/meldungen/mixed-leadership-barometer-august-2024-54176

Ostern 2019: Unser erstes gemeinsames Wochenende mit unserem Hund Juli

Nachwort

Wenn ich mir etwas wünsche für mein Buch, dann, dass Sie, die Leserinnen und Leser, persönliche Anknüpfungspunkte finden und Sie die eine oder andere Geschichte unmittelbar anspricht. Vielleicht beschert Ihnen mein Buch „Aha"-Erlebnisse oder ein Déjà-vu, vielleicht bringt es Sie zum Schmunzeln oder Kopfschütteln oder erinnert Sie im besten Fall daran, auf wessen Schultern Sie ruhen, wofür Sie brennen und was Sie in ihrem Leben geprägt hat. Viele Ausführungen finden hoffentlich Ihre Zustimmung, andere wiederum könnten Widerspruch auslösen oder einfach zum Nachdenken anregen. Aber in einem bin ich mir ganz sicher: Auch in Ihrem Umfeld existieren mutige Pionierinnen, Frauen, die Sie begleitet haben, Ihnen zugesprochen, Sie aufgemuntert oder auch irritiert und damit neue Perspektiven eröffnet haben. Ich freue mich, wenn Sie diese Frauen, angeregt durch die Lektüre, für sich neu oder wieder entdecken.

Auf meiner Reise durch das „Land der Töchter" war es mir wichtig, Sie zu inspirieren, Handlungsebenen und die Wirksamkeit jeder einzelnen Frau sichtbar zu machen und mit einem positiven Blick in die Zukunft zu schließen. Wir stehen den globalen Krisen und Ungerechtigkeiten der Welt nicht machtlos gegenüber – wir gestalten unser Leben und unser Umfeld. Meine persönliche Erfahrung und Überzeugung ist, dass Aktivität und Engagement helfen können, aus einer Negativspirale, einem begründeten Ohnmachtsgefühl auszubrechen. Die Arbeit an diesem Buch, die Reflexion über mein eigenes Leben und die Lebensgeschichten vieler Frauen haben mich darin einmal mehr bestärkt. Handlungsfelder gibt es genug.

Zunächst meine ich die persönliche Ebene, das, was wir sind und vorleben und wie wir damit unsere unmittelbare Umgebung prägen und gestalten. Gleichberechtigung, Klimaschutz, Solidarität, Chancengerechtigkeit – egal, wofür man im Innersten brennt, jeder und jede kann Role Model sein, einen positiven Beitrag leisten und einen Unterschied machen. Die Beispiele in diesem Buch zeigen das.

Gefordert ist aber genauso die politische Ebene, auf der über gesetzliche Rahmenbedingungen bestimmt wird, Vorgaben gemacht und Anreize gesetzt werden. Wer Gleichberechtigung endlich durchsetzen will, weiß, welche Hebel zu bedienen sind. Als Stichworte nenne ich nur ambitionierte Quotenregelungen, Lohntransparenz und Karenzregelungen, die eine ausgeglichene Beteiligung beider Elternteile an der Kinderbetreuung unterstützen. Dies alles natürlich ergänzt durch flächendeckende, qualitätsvolle ganztägige Betreuungseinrichtungen. Davon profitieren wir alle – Männer wie Frauen.

Das gilt auch für eine mutige Klimapolitik und eine chancengerechte Bildungspolitik – unsere Verantwortung gegenüber den nächsten Generationen. Viele Menschen unterstreichen diese Forderung durch ihr ehrenamtliches Engagement und mahnen verantwortungsvolles Handeln trotz Gegenwind unverdrossen ein. Die Pionierinnen in diesem Buch überzeugen durch kreativen Aktivismus und motivieren zum Mitmachen.

Gemeinsam schaffen wir das! Frauensolidarität – füreinander da sein, einander unterstützen – ist unverzichtbar. Die großartigen Frauennetzwerke, die ich in den letzten Jahren kennengelernt habe, zeigen, welche Kraft in gemeinsamer Aktivität liegt. Gerade die Bürgermeisterinnen des Landes beweisen dies Tag für Tag. Ich bin froh und dankbar, Teil dieser Netzwerke zu sein.

Es tut sich also etwas. Die Welt, wie sie ist, kann verändert werden. Und sie ist ständig im Wandel begriffen. Vor ein, zwei Generationen musste vieles, was für Mädchen und Frauen heute selbstverständlich ist, von Frauen schwer erkämpft werden. Was wir dabei nicht vergessen dürfen: Nichts passiert von selbst, und jeder Fortschritt kann auch wieder zurückgenommen werden.

Sie sehen, die Geschichte ist noch nicht fertig geschrieben. Wir – Frauen und Männer – gehen vorwärts, wir verändern diese Welt. Manches hätten wir gerne schneller erreicht. Manchmal lohnt sich aber ein Blick zurück: Vieles haben wir schon erreicht. Gehen wir gemeinsam weiter in eine bessere Zukunft. Ich freue mich auf das, was vor uns liegt.

Danksagung

Viele Menschen haben zum Gelingen dieses Buches beigetragen. Ihnen allen möchte ich jetzt – am Ende der gemeinsamen Reise – von Herzen danken.

Mein erster Dank gilt dem Molden Verlag, namentlich der Geschäftsführerin Elisabeth Stein-Hölzl, die sich mit einer überzeugenden E-Mail im Herbst 2023 an mich gewandt und somit den Anstoß für dieses Buch gegeben hat.

Ich danke der erfahrenen Politikjournalistin und Autorin Nina Horaczek, dass sie sich gemeinsam mit mir auf dieses Abenteuer eingelassen und maßgeblich zur Verwirklichung dieses Buchs beigetragen hat. Ohne ihre Fragen, die gemeinsamen Diskussionen und Einschätzungen, die intensive Hintergrundrecherche und vor allem Strukturierung und Texterung wäre eine erfolgreiche Umsetzung nicht möglich gewesen. Viele Stunden ihres Lebens hat sie mit großer Empathie und echtem Interesse meinem Leben und meinen Projekten gewidmet – dafür danke ich ganz besonders.

Großer Dank gebührt vor allem den Pionierinnen, die ihre Geschichten für dieses Buch zur Verfügung gestellt und damit einen wichtigen Beitrag zur Ermutigung von Frauen in diesem Land geleistet haben.

Für Gespräche, Erinnerungen, Hinweise und Feedback danke ich „meinem Gedächtnis" Sabine Spiegl-Kreinecker (vor allem in Hinblick auf unsere gemeinsame Schulzeit), Elisabeth Schmidauer (speziell für stimmungsvolle Erinnerungen an diverse Demonstrationen) und Christian Nohel (für seine männliche Perspektive auf mein feministisches Werk).

Meiner Mutter, meinem Bruder Peter und meiner Tante Ernie danke ich für die aufmerksame und wohlwollende Vorab-Lektüre, positives Feedback und dafür, dass sie immer für mich da sind.

Lektorin Stefanie Jaksch danke ich für ihre akribische Bearbeitung, ihre Nachfragen und damit der stimmigen Abrundung unseres gemeinsamen Werks.

Zum Schluss danke ich dem besten Ehemann von allen, Alexander Van der Bellen, für das perfekte Lektorat (das können alle bestätigen, deren Schriftstücke schon über den Schreibtisch meines Mannes gewandert sind), für Widerspruch und Zuspruch und für die Ermutigung, auf die ich mich in allen Lebenslagen verlassen kann.

Allen, die mich im Leben begleitet, unterstützt und gefordert haben, auch wenn sie in diesem Buch nicht namentlich erwähnt sind, möchte ich sagen: Ohne euch hätte ich diese, meine Geschichte so nicht erzählen können. Danke!

Nina Horaczek dankt Doris Schmidauer für ihre Offenheit, ihr Vertrauen und für den vielen Spaß, den wir bei diesem Buchprojekt hatten.

Elisabeth Stein-Hölzl für die Freiheit, dieses Buch nach unseren Vorstellungen zu gestalten, und Stefanie Jaksch für ihre wichtigen Inputs und die Struktur, die sie diesem Buch gegeben hat.

Susi Stach für ihre Hilfe und die vielen wichtigen Anmerkungen für dieses Buch.

Peter, Charlotte, Jasper und Zora für ihre Unterstützung und Geduld, die dieses Buchprojekt erst ermöglichen. Edeltraud Horaczek dafür, dass sie immer für mich da ist.

Ich denke, es ist Zeit, daran zu erinnern: Die Vision des Feminismus ist nicht eine „weibliche Zukunft". Es ist eine menschliche Zukunft.

Johanna Dohnal

7. März 2018: gemeinsam mit Rosi Imre (links) bei der Präsentation der Caritas-Kampagne #wirtun gegen Frauenarmut

Impressum

Liebe Leserin, lieber Leser, hat Ihnen dieses Buch gefallen?

Dann freuen wir uns über Ihre Weiterempfehlung, Austausch und Anregung unter **post@styriabooks.at** Inspirationen und gute Geschichten finden Sie auf **www.styriabooks.at**

Bildnachweis:
Privat: 10, 94, 152, 154; Peter Lechner/HBF: 78, 79, 80, 81, 82; 157 (unten), 183;
Selfie Auma Obama: 115; Evelyn Lynam: 132;
Carina Karlovits/HBF: 155, 190;
Vatican Media: 156; AP / picturedesk.com: 157 (oben); Daniel Trippolt/HBF: 158

Hinweis:
Jede Veränderung eines Fotos, wie eine ausschnittsweise Wiedergabe, eine Verfälschung durch elektronische Hilfsmittel oder ein Einbau in ein weiteres Bild, ist ohne ausdrückliche Genehmigung der Präsidentschaftskanzlei untersagt, ebenso wie Publikationen von Fotos in einem sinnentstellenden Zusammenhang sowie der Weiterverkauf des Bildmaterials an Dritte.

Von jedem Druckwerk und von jeder Online-Publikation, welche Bildmaterialien des Fotoarchivs der Präsidentschaftskanzlei enthalten, ist entweder ein Belegexemplar oder ein .pdf oder ein Link an Pressebüro des Bundespräsidenten, Ballhausplatz, 1014 Wien oder an pressebuero@hofburg.at<http://hofburg.at/> zu übermitteln.

Die Verwendung der Fotos für Werbung oder Wahlwerbung ist unzulässig. Dies umfasst jegliche Art von PR oder Promotion.

Gerichtsstand für allfällige Streitigkeiten aus der Nutzung des Fotoarchivs der Präsidentschaftskanzlei ist Wien. Die Bildnutzungsrechte unterliegen österreichischem Recht.

STYRIA BUCHVERLAGE

© 2025 by Molden Verlag
in der Verlagsgruppe Styria GmbH & Co KG
Wien – Graz

Verlagsgruppe Styria GmbH & Co KG
Lobkowitzplatz 1, 1010 Wien, Austria
office@styriabooks.at

Alle Rechte vorbehalten.
ISBN 978-3-222-15134-7

Bücher aus der Verlagsgruppe Styria gibt es in jeder Buchhandlung und im Online-Shop **www.styriabooks.at**

Projektleitung: Ulli Steinwender
Lektorat: Stefanie Jaksch
Korrektorat: Joe Rabl
Umschlaggestaltung und Layout:
Studio Sasken, Aleksandra Gustin
Coverfoto: Jork Weismann

Druck und Bindung: Florjančič tisk d.o.o.
Printed in the EU
7 6 5 4 3 2 1